视频号运营

10000小时
视频号一线实战精髓

山峰 高攀 颜慧华 ◎ 著

华中科技大学出版社
http://press.hust.edu.cn
中国·武汉

图书在版编目(CIP)数据

视频号运营：10000小时视频号一线实战精髓/山峰，高攀，颜慧华著． —武汉：
华中科技大学出版社，2023.2
ISBN 978-7-5680-9083-4

Ⅰ.①视… Ⅱ.①山… ②高… ③颜… Ⅲ.①网络营销 Ⅳ.①F713.365.2

中国国家版本馆CIP数据核字(2023)第011891号

视频号运营：10000小时视频号一线实战精髓　　　　　　　山峰　高攀　颜慧华　著
Shipinhao Yunying: 10000 Xiaoshi Shipinhao Yixian Shizhan Jingsui

策划编辑：饶　静
责任编辑：程　琼
封面设计：琥珀视觉
责任校对：曾　婷
责任监印：朱　玢

出版发行：华中科技大学出版社(中国·武汉)　　　电话：(027)81321913
　　　　　武汉市东湖新技术开发区华工科技园　　　邮编：430223

录　排：孙雅丽
印　刷：武汉科源印刷设计有限公司
开　本：710mm×1000mm　1/16
印　张：15.5
字　数：194千字
版　次：2023年2月第1版第1次印刷
定　价：56.00元

本书若有印装质量问题，请向出版社营销中心调换
全国免费服务热线：400-6679-118　　竭诚为您服务
版权所有　侵权必究

前　言

我一边实战一边总结，这本书终于完稿了。完稿的一瞬间，我自己长长地舒了一口气。写作真是很痛苦的事情，也是很开心的事情。本书并不是我撰写的第一本视频号方面的书籍，为什么我会如此重视这本书呢？

我一直在强调，一切生意皆流量。根据Quest Mobile发布的《2022中国移动互联网半年报告》，截至2022年6月，视频号MAU规模达到了8.13亿，抖音6.8亿，快手3.9亿，视频号成功领跑整个短视频赛道。但视频号的硬伤在于，用户日均使用时长不及抖音、快手的三分之一。相关数据显示，抖音日均使用时长为118分钟，快手为119分钟，视频号仅有35分钟。

从本质上讲，用户使用时长短源于视频号的内容生态对用户的吸引力偏弱，视频号曾经还因为泛知识内容、资讯类内容偏多，被吐槽为"中年抖音"。为了丰富视频号的内容生态，腾讯逐渐加大了对视频号的内容布局力度。

过去两年，很多视频号博主之所以成为"炮灰"，主要是因为着重于打造IP，导致大多数人望而止步。如今不一样了，你不是IP，也有机会赚钱，那就是直播带货。直播带货是一种很简单粗暴的赚钱方式，跟现实生活中在大街上叫卖是一个逻辑。这个时候，如果你还学会了投流，估计会更加容易赚到钱。

在过去的几个月，视频号已经在内测投流的系统中同时放开了微信豆投流和上线加热工具。尽管现在的产品还非常简单，但是不少人已经获得不错的成绩，说明效果还是不错的，而且属于红利期，所以在电商圈，很多人蜂拥而入。但这只是开始，我预计在2023年第二季度，投流系统会上线一个非常完整的版本，到时候对玩抖音的人来说，会非常得心应手。

作为微信生态公域原子模块的视频号，一张电商的大网已经完全铺开，而且呈现慢慢收网的状态，一旦视频号直播端被大量进入的博主测试出了优良效果，视频号小店也会进化成电商商城，投流系统也会被打磨完善。整个微信生态，包括搜索、广告、支付等，也会呼应协助，那么呈现在"水面上"的视频号电商，大概率会在如今的"电商江湖"中获得不错的地位。

曾经有人说过：个人最大的优势就是看清社会的趋势。我是2010年开始研究和实践个人品牌打造和电商运营，取得了一些成绩：

（1）我们江南北电商集团通过电商平台年销售过亿元，打造多个爆品。

（2）通过运营私域社群，每年线上活动300000多人次，线下活动30000多人次，创造了5000多万元的业绩。

（3）在我们的指导下，很多学员打造个人品牌，营销业绩倍增。比如我们美妆行业学员通过"私域+短视频+直播"的方式进行营销，销售额翻三番，达到6000万元。

近期，关于视频号的相关文字层出不穷，其重要性我不多言，但90%的企业还是不懂视频号要怎么做、怎么落地执行。那建议你好好读完这本书，或许它会让你有更深的见解。本书大致分为视频号如何引流、视频号如何直播带货、视频号如何打造内容、视频号如何变现、视频号如何运营、视频号实战案例几个部分。

案例解析与实战落地相结合是本书的主要特色。

第一，内容丰富，通俗易懂，针对性强。本书体系完整，以视频号变现为核心，以全渠道开发为根本出发点，重点讲解视频号直播带货的打法；第二，突出实战，注重实用，涉及面广。本书全面解析了我们自己的实战经历以及视频号销售过亿元的行业案例，提供视频号实战表格，通过对这些案例的分析，一步一步指导读者轻松、快速地做好视频号。

本书适合企业家、创业者、电商从业者、管理人员和营销从业者等学习阅读，对移动互联网思维感兴趣的读者也可从中获得启发和灵感。当然书中的一些观点和案例可能有失偏颇，希望得到大家的批评指正，欢迎广大读者加我微信交流。（微信号：sfdg111）

本书能够面世，离不开大家的支持。首先要感谢中南财经政法大学叶青教授和中国光大银行熊福林老师的关爱和指导；其次要感谢出版社的编辑为此书出版的付出和努力；最后要特别感谢我的家人，很少有时间陪他们，是你们的支持让本书能够和广大读者见面。

山　峰

2022年11月写于深圳

目录

第1章 微信视频号是什么 /1
1.1 微信视频号的定义 /3
1.2 微信视频号的定位 /4
1.3 微信视频号的趋势 /5

第2章 视频号的界面 /7
2.1 首页界面 /9
2.2 关注界面 /9
2.3 消息界面 /11
2.4 我的界面 /12
2.5 视频号小店 /13

第3章 视频号的基本设置 /17
3.1 认证和原创计划 /19
3.1.1 个人认证 /19
3.1.2 企业和机构认证 /23
3.2 名称 /25
3.3 头像 /27
3.4 简介 /29
3.5 标题 /30

第4章 视频号用户画像 /33
4.1 利用大数据建立用户画像 /35
4.1.1 用户画像简介 /35
4.1.2 用户画像的作用 /36
4.1.3 用户画像创建步骤 /37
4.2 访谈调研确定用户需求 /38

第5章 如何打造具有个性的视频号 /41

5.1 蹭时下热门话题 /43
5.1.1 什么是热点 /43
5.1.2 为什么蹭热点 /43
5.1.3 如何寻找热点 /44

5.2 经常制造新闻 /49

5.3 打造独特的标签 /50
5.3.1 明白视频号的目标和定位 /50
5.3.2 将自己最擅长的技能发挥到极致 /51

5.4 深度垂直 /51
5.4.1 围绕产品进行知识延伸 /52
5.4.2 展示某产品 /52
5.4.3 展示企业文化 /52

5.5 构建"视频号+私域社群生态圈" /53
5.5.1 打造优质社群 /53
5.5.2 花粉俱乐部 /55

5.6 主题有个性和趣味性 /57

5.7 利用冲突制造戏剧性 /58
5.7.1 什么是冲突 /58
5.7.2 冲突的类型 /59
5.7.3 注意的技巧 /60

第6章 视频号引流的方法 /61

6.1 直播间连麦引流 /63
6.2 朋友圈引流 /64
6.3 私信引流 /65
6.4 视频号评论区引流 /66
6.5 视频号简介引流 /67
6.6 互粉群引流 /68
6.7 互推合作引流 /68

6.8 矩阵引流 /69
    6.8.1 视频描述@矩阵账号 /70
    6.8.2 评论中@矩阵账号 /70
    6.8.3 个性签名@矩阵账号 /70
6.9 公众号引流 /71
6.10 其他平台引流 /72
6.11 线下活动引流 /72

第7章 视频号上热门的玩法 /77

7.1 设置话题或标签 /79
    7.1.1 提高匹配度 /79
    7.1.2 定期调整 /80
    7.1.3 合理排序 /80
    7.1.4 重视节假日 /80
7.2 添加所在位置或定位 /80
7.3 添加视频描述 /81
    7.3.1 写出产品的优势 /81
    7.3.2 写出一个好故事 /81
    7.3.3 写出疑问性的问题 /82
7.4 添加扩展链接 /83
7.5 视频号的推荐逻辑 /85
    7.5.1 关于视频号平台推荐 /85
    7.5.2 抖音和快手推荐机制 /88
    7.5.3 视频号的流量密码 /89

第8章 视频号运营的技巧 /93

8.1 做好数据分析 /95
    8.1.1 数据分析是什么 /95
    8.1.2 为什么做数据分析 /96
    8.1.3 如何做数据分析 /96
    8.1.4 山峰团队视频号实战数据分析 /99

8.2 多做本地化的内容 /101
8.3 做好复盘和效果评估 /102
 8.3.1 复盘什么 /103
 8.3.2 为什么做复盘 /103
 8.3.3 如何做复盘 /104
8.4 打造IP思维 /106
 8.4.1 用户思维 /106
 8.4.2 IP思维 /107
 8.4.3 罗振宇如何打造IP /108
8.5 注意视频号运营的误区 /112
 8.5.1 一定不要忽视用户的体验感 /112
 8.5.2 切忌没有明确的个人定位 /113
 8.5.3 一定不要迟迟不进入内容的高潮 /114
 8.5.4 切忌忽视粉丝问题 /114
 8.5.5 视频号直播没前途 /115
 8.5.6 不要因盲目崇拜而迷失方向 /116

第9章 视频号直播带货实战技巧 /117

9.1 视频号店铺如何做直播？ /119
9.2 直播出现安全交易警告提示怎么办 /120
9.3 直播团队人员如何分工 /121
9.4 直播带货的销量翻番技巧 /121
9.5 直播间如何聊天不"尬" /123
9.6 直播间促销策略有哪些 /126
9.7 直播间如何讲好故事 /129
9.8 直播间如何做到不是卖产品，而是卖参与感 /131
9.9 主播如何有趣有料，引爆直播间 /131
9.10 主播如何做到及时回复粉丝的问题 /133
9.11 主播如何用游戏机制引爆直播间 /133
9.12 主播如何进行产品展示 /134

9.13 如何进行直播复盘 /135
9.14 如何让直播内容多样化 /136
9.15 如何策划专属线下活动 /137
9.16 达人直播与商家直播的区别 /140
9.17 服装、化妆品和食品品类 直播带货方式的特点 /141
9.18 直播带货的脚本模板 /141
9.19 直播的变现方式 /142
9.20 直播带货如何高效变现 /143

第10章 视频号实战案例 /145

10.1 十点读书视频号 /147
10.1.1 十点读书介绍 /147
10.1.2 十点读书如何布局视频号 /148
10.1.3 十点读书一场视频号直播销售额达到100万 /149

10.2 黎贝卡视频号 /150
10.2.1 黎贝卡介绍 /150
10.2.2 黎贝卡如何玩转视频号 /151
10.2.3 黎贝卡首场视频号直播如何突破60万 /153

10.3 夜听刘筱视频号 /153
10.3.1 夜听刘筱介绍 /153
10.3.2 夜听刘筱如何玩转视频号 /154

10.4 李筱懿视频号 /155
10.4.1 李筱懿介绍 /155
10.4.2 李筱懿如何布局视频号 /156
10.4.3 李筱懿2个月总播放量如何破4500万 /157

10.5 林清轩护肤品视频号 /158
10.5.1 林清轩护肤品介绍 /158
10.5.2 林清轩护肤品如何布局线上营销 /159
10.5.3 "618"期间视频号如何全渠道业绩破亿元 /160

10.6 泡泡玛特盲盒视频号 /161

10.6.1	泡泡玛特盲盒介绍	/161
10.6.2	如何布局私域	/162
10.6.3	如何做到视频号直播销售额2500万	/163

10.7 山峰团队视频号 /165
    10.7.1 高效专业的内容生产体系 /165
    10.7.2 专业的私域运营打法 /166
    10.7.3 山峰团队如何玩转直播带货 /167

第11章 变现类型 /173

11.1 广告变现 /175
    11.1.1 视频号运营者须具备的变现精神 /175
    11.1.2 展示广告的类型 /176
    11.1.3 广告计费变现的方式 /178
    11.1.4 山峰团队1条视频号变现5万元 /180

11.2 电商变现 /182
    11.2.1 电商变现流程 /182
    11.2.2 合适的产品 /183
    11.2.3 合理的定价 /185
    11.2.4 促销手段 /188
    11.2.5 成交文案 /190

11.3 引流变现 /200
    11.3.1 赞美用户，增加信任感 /203
    11.3.2 讲好故事，增加信任感 /206
    11.3.3 打造有黏性的微信朋友圈 /209

11.4 知识变现 /214
    11.4.1 公众号文字付费 /215
    11.4.2 教育培训 /217
    11.4.3 咨询顾问付费 /219
    11.4.4 会员收费 /220

11.5 IP变现 /223

附表 /229

第1章
微信视频号是什么

如今在这个快节奏的时代，短视频的浪潮一波接一波，从以前的快手到现在的抖音，不论是质量还是流量都得到了很大的提升，微信视频号也紧随其上。那么，微信视频号究竟是一个什么样的平台呢？

1.1 微信视频号的定义

腾讯公司张小龙在2020年微信公开课上曾坦言：公众号是当年的一个小失误，"我们一不小心把公众号做成了文章作为内容的载体，使得其他的短内容的形式没有呈现出来。""我们缺少了一个人人可以创作的载体。""微信的短内容一直是我们要发力的方向，顺利的话可能近期也会和大家见面。"

张小龙当时的言论，如今看来说的就是视频号。视频号未来虽然存在往社交媒体方向发展并有与微博短兵相接的可能，但在当下，它更多的还是一种补齐自身短板的存在。

微信视频号是什么？它是为用户提供创作和表达短内容的平台。（图1-1）

图1-1 微信视频号

1.2 微信视频号的定位

在分析微信视频号的定位之前,我们先看一下视频号的关键节点动作。

2020年1月21日:微信正式开始"视频号"内测。

2020年2月:视频号开放自助申请入口,邀请部分媒体和垂直领域KOL入驻,以及开放更多普通用户的视频号入口和观看功能的内测资格。

2020年3月18日:加大开放更多普通用户创建个人视频号的内测资格。

2020年6月20日:针对苹果用户全面开放视频号权限。

2020年6月底:张小龙在朋友圈中暗示视频号用户数突破2个亿。

2020年7月底:视频号更新版本,主要将视频号以大图形式在朋友圈中显示。

2020年9月上旬:腾讯官方承认微信小商店未来将打通视频号。

2020年9月中旬:PC端视频号创作者内容管理平台内测版全面开放。

2020年9月下旬:流量推广小程序"视频号推广助手"内测。

2020年10月上旬:视频号直播内测。

2020年10月下旬:视频号"没有货源也能轻松赚钱"带货功能内测。

2021年1月:微信红包深度绑定视频号,用户可以创建微信红包封面。

2021年3月:视频号与公众号相互打通,支持一键跳转。

2021年6月：视频号创作者变现功能内测。

2021年10月：视频号主页可直接添加企业微信。

2021年11月：视频号推出直播好物节。

2021年12月：西城男孩视频号直播演唱会观看人次2700万。

2022年2月底：企业视频号增加服务功能，可以添加联系客服、门店查询、权益查询、活动福利等自定义链接。

2022年3月：视频号内测直播信用分。

2022年4月：视频号可以创建100条直播预约。

2022年7月：视频号正式推出原生信息流广告。

2022年8月：视频号直播上线个人专栏功能。

……

通过以上微信视频号频繁的迭代能够看出，微信想通过一系列新功能培养用户创作短内容的习惯，可以看出视频号在微信中的重要程度，笔者认为视频号不只是抖音、快手的一个竞争对手，更重要的是布局一个商业生态。中国已经进入后工业化时代，新消费在快速崛起，消费升级带来的是"人、货、场"的升级，微信视频号会成为一个重要的线上消费场景。

1.3 微信视频号的趋势

在张小龙给出的微信视频号的官方定义里，"微信视频号是一个人人都可以创作的短内容平台"。

在微信的产品体系里，视频号要做的是成为最原子化的内容组件，"当它成为最基础的内容组件时，就会与微信内其他组件产生各种化学反应，自然地在微信体系内流转，并最终成为视频和流媒体直播这类内容的最佳承载形态。"

微信视频号的内容依然需要长时间培育，其内容调性和用户习惯并非一朝一夕能够养成，尤其是在抖音、快手的精细化运营的优势面前，视频号的内容优势并不明显。

当朋友圈、公众号、群聊中都有"视频号"的身影，在这样的猛攻下，视频号在微信生态中的渗透已经达到48％。但是另一大问题就是，视频号的创作者仍以非专业创作者为主，优质内容依然是短板。而内容在哪里，用户就在哪里，视频号距离抖音还有很长的一段路要走。

2022年的微信公开课上，视频号业务负责人张孝超表示：有了视频号之后，公众号、朋友圈不再是工具，而是生态，就像生活中的水、电、气一样让人离不开。可见视频号真正要成为的并非下一个抖音或快手，而是撑起整个微信的未来。不管这个未来，还是不是张小龙所期待的。

第 2 章
视频号的界面

视频号既具有工具属性，又具有社交属性，如分享和关注等，我们来分析微信视频号的界面功能，看看它究竟为何成为我们喜欢的平台。

2.1 首页界面

注册并登录微信后，首先出现的就是微信首页界面，点击进入底部的"发现"，在"朋友圈"下方就是"视频号"模块。（图2-1）

图2-1 微信视频号入口界面

2.2 关注界面

关注界面主要包括关注用户视频呈现和我的关注两个模块。其中视频内容会自动播放，大家可以暂停播放短视频。（图2-2）

图 2-2 关注界面

点击我的头像,进入我的关注,显示关注的视频号。(图 2-3)

图 2-3 关注界面

2.3 消息界面

消息界面包括视频号消息和视频号私信两个模块。进入视频号消息，主页包括点赞、评论和关注3个主要功能。（图2-4）

图2-4 消息界面

2.4 我的界面

我的界面主要发表新动态和发起直播，它分为主界面和点击头像进入的二级界面两个模块。其中主界面包括我的关注、赞过的动态、喜欢的动态、消息、私信、订单、隐私以及我的视频号模块。（图2-5）

点击头像进入二级界面，可以看到简介、IP属性、关注人数、视频和商品。（图2-6）

图 2-5 我的界面　　　　图 2-6 二级界面

点击头像右上角的小圆点，进入下级界面，主要包括资料设置、我的二维码、隐私设置、账号管理和展示直播数据等。（图2-7）

图 2-7 设置

点击进入创作者中心，里面包含数据概览、创作者服务、创意风向标和热门课程模块。（图 2-8）

图 2-8 创作者中心

2.5 视频号小店

视频号小店是微信小程序团队推出的一项新能力，帮助商家、个体创业者免费、快速地拥有一个卖货小程序，在微信内实现电商业务的自主经营。

视频号小店对企业和个体开店类型全面开放。

企业、个体工商户上传营业执照、经营者信息、结算银行账户信息、完善小程序昵称/类目等基础信息配置方可开店。1个微信号可支持开通3个企业和个体类型的小商店。（图2-9）

图2-9　视频号小店

在这里重点介绍"选品中心",点击"加橱窗"按钮,即可进入商品分销界面,直接实现将商品一键上架到你店铺的目的。(图 2-10)

图 2-10 选品中心

这个功能的出现,很好地帮助了很多无货源的视频号创作者,打开了没有货源也能赚钱的端口,帮平台带货,也可以免去人工填单发货的烦恼,直接赚取佣金。

第 3 章
视频号的基本设置

3.1 认证和原创计划

一个视频号在一年内可认证两次，次年1月1日将恢复可用次数。

用户可通过以下操作申请认证：进入自己的视频号主页，点击头像右上角的小圆点—选择认证—进入视频号认证页面—按照指示操作完成认证。

目前，视频号认证分为个人认证、企业和机构认证两大类。（如3-1）创作者可根据视频号账号的主体身份选择合适的认证类型。

图 3-1　视频号认证

3.1.1　个人认证

目前，个人认证分为职业认证和兴趣领域认证两种类型。（图 3-2）

图 3-2　个人认证类型

职业认证

职业认证包括运动员、演员、作家、音乐家等职业的认证，比如去年大火的明星李现，他的视频号认证为演员。（图3-3）

图3-3　演员认证

申请职业认证，需至少满足以下几点要求（图3-4）：

（1）最近30天发表过1个视频号动态；

（2）已填写视频号简介；

（3）不同职业会有不同的认证要求，具体看提示进行操作。

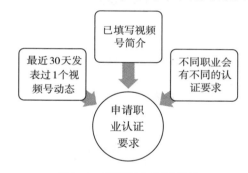

图3-4　申请职业认证要求

兴趣领域认证

申请兴趣领域认证，需至少满足以下几点要求（图3-5）：

（1）最近30天内发表过1个视频号作品；

（2）有效关注数在1000人以上；

（3）已填写视频号简介；

（4）在对应领域持续发表原创内容。

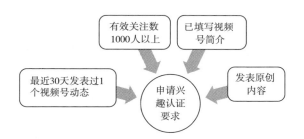

图 3-5　申请兴趣领域认证要求

兴趣领域认证目前分为自媒体、博主和主播三大类。(图 3-6)

图 3-6　兴趣领域认证类型

自媒体认证包括美食自媒体、职场自媒体、科普自媒体和互联网自媒体等；博主认证跟自媒体类似，包括美食、娱乐、旅游和互联网博主等；主播认证包括游戏主播、动漫主播、美食主播和体育主播。(图 3-7) 比如，李子柒视频号认证的是美食博主，房琪kiki视频号认证的是旅行自媒体。(图 3-8)

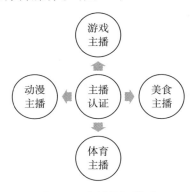

图 3-7　主播认证类型

图 3-8　旅行自媒体认证

同时，个人认证还可以邀请自己的好友进行辅助认证。（图 3-9）但是好友辅助必须满足两个条件：

图 3-9　好友辅助认证

（1）只能邀请认证身份与你申请认证的领域一致的视频号作者。比如你认证的身份是美食博主，那么辅助你认证的好友也必须是美食博主。

（2）你们必须是已经认识超过三个月的微信好友，从这点也可以看出微信生态对熟人社交推荐的重视程度。

自媒体认证需要准备的资料：选择好认证领域后，就需要填写认证资料（图 3-10），包括真实姓名、手机号码、身份证件、证明材料（图 3-11）和申请说明等内容，提交资料后，等待审核就行了。

如果视频号平台拥有 10 万粉丝或微信公众号平台拥有 10 万粉丝，或除微信平台外的其他领域粉丝 100 万以上者，个人账号认证成功后直接出现黄 V 标识。

图 3-10　自媒体认证　　　　图 3-11　证明材料

3.1.2　企业和机构认证

企业和机构认证，有以下几点要求（图 3-12）：

- 申请企业认证要求，需要有已认证的同名公众号
- 如你的公众号已认证，但名称和视频号名称不一致，你可考虑修改视频号名称再申请认证。
- 如你的公众号认证，但名称超过20个字符，你可选取其中连续的20个字符作为视频号名称，再申请认证。
- 如你的同名公众号尚未认证，请先到公众号申请认证，然后再为视频号申请认证。

图 3-12　申请企业认证要求

（1）申请企业和机构认证，需要有已认证的同名公众号；

（2）如你的公众号已认证，但名称和视频号名称不一致，你可考虑修改视频号名称，再申请认证；

（3）如你的公众号已认证，但名称超过20个字符，你可选取其中连续的20个字符作为视频号名称，再申请认证；

（4）如你的同名公众号尚未认证，须先到公众号申请认证，然后再为视频号申请认证。

企业认证和个人认证一样，都需要个人微信的实名身份认证，目前微信视频号所有认证全部免费。

个人认证与企业认证的区别如下：

第一，个人认证显示的是黄V，企业和机构认证显示的则是蓝V。（图3-13）

第二，黄V认证后账号主页显示的是认证身份，蓝V认证后显示的则是认证主体的公司名称。（图3-14）

图3-13 黄V和蓝V

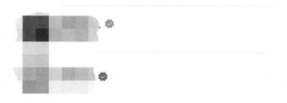

图3-14 认证主体公司名称

目前认证体系可以参考微博的认证体系，视频号后期可能会对蓝V和黄V赋予不同的等级权益。

3.2 名　　称

微信视频号的名称是什么？微信视频号的名称就是用来让他人给我们做口碑传播的。

视频号的名称是唯一一个可以形成口碑传播的组成部分。所以当我们给自己的视频号设置名称的时候，一定要深思熟虑，名称每年仅可以设置两次。另外，每更换一次名称，以前的好友很可能会忘记你，对你的信任和好感就会减少一半。因此，名称一旦设置好，尽量不要换。

要选一个有利于传播的微信视频号的名称，比如小米手机就是一个很好的名称，凡是看到或者听到的人一定会印象很深刻，虽然这个名称有点过于通俗，但这也是一种营销方式。所以说，我们在给自己的视频号设置名称的时候，一定要选择让别人听一遍就可以记住的名称。

选择什么样的名称比较好呢？如果我们生活中的名字很好听，用自己的真实名字作为视频号名称不失为一种高端的玩法，能够给别人很强的信任感。当然，如果名字确实太普通，那就别用了。视频号的名称也可以使用数字，比如666、888、360，不多于三个数字的名称就可以，重要的是符合中国人的阅读习惯和记忆习惯。

视频号最好不要使用英文名称。注意观察那些国外的大品牌，例如麦当劳、百事可乐、三星、特斯拉、宝马等国外品牌，他们进入中国后，都起了一个好听的中国名称。为什么这样做？因为它们需要口碑传播。如果在中央电视台播放品牌广告，由于是英文名称，用户可能无法认读，那么就会遇到传播的障碍，无法为我们做口碑传播。

视频号最好不要使用生僻字或者繁体字。如果我们的视频号名称含有生僻字或者繁体字，大部分人不认识的时候，别人怎么能传播呢？我有个视频号好友，文章写得非常好，其视频号名称我不认识，使得我没法推荐。所以生僻字或者繁体字的视频号名字是不利于别人传播的。

有些行业里面，视频号的名称需要出现广告，而且越抢眼越好。比如小区楼下的超市老板，可以把自己的视频号名称写成"便民超市老板"，小区的业主并不会特别反感，因为小区里面很多人会有送货上门的需求，这属于便民服务，能给小区居民带来便利。

视频号名称设置遵循以下原则：一看就认识而且印象深刻，听一遍就能记住，好听好记。太复杂了别人是记不住的，很难形成品牌，一看就能记住是最容易形成口碑相传的。

设置名称的时候，想一下，自己针对的是什么用户，想让自己的视频号名称达到什么目的，然后再挑选一个好听好记、利于传播的名称。（图3-15）用一句话总结，就是利于长久传播的名称都是好名称。

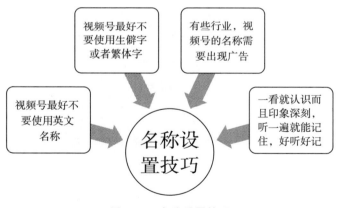

图3-15　名称设置技巧

3.3 头　　像

在视频号这个平台上，用户或粉丝能够记住的最重要的标识就是视频号头像，头像就是视频号的LOGO。

视频号头像主要分为两种：第一种是自己真实的生活照片；第二种是经过制作的头像，比如卡通头像。女性可以选择一个很优雅的咖啡厅，找一个合适的角度，多拍一些自然的照片，不要太刻意；或者找一个风景优美的地方，拍张以自然风景为背景的照片，但是照片必须以人物为焦点。很多个人视频号的头像背景抢眼度超过人物，人在其中并不是焦点，反而成了衬托，建议不要使用这样的照片。

案例一：站在湖边，很清纯漂亮的女孩。

案例二：头像复杂，没有焦点，有好感吗？

案例三：以产品照片作为视频号头像？

这三个视频号头像中你最喜欢哪一个？相信大家大多会选择第一个，因为它比较独特。

视频号头像要根据我们所从事的行业选择不同的头像，不同的视频头像所吸引来的用户资源都是不同的。如果是男士可以选择一张户外旅行的照片，突出自己对生活的热爱，或者拍一张自己正在品茶看书的照片，都可以，重点是突出人物特点。总之一点，要让看到你的视频号头像的人觉得你是一个很随和而且有品位的人，让看到你头像的人产生好感，就达到了优秀头像的标准。

选择视频号头像时，我们要记住三点：

第一，让看到自己视频号头像的人有好感，且能够记住，特别是潜在的用户；

第二，建议不要使用假头像，例如明星；

第三，大气、阳光积极、正能量，不要让别人看到后有不好的感觉，不要用大家都用的头像，最好是独一无二的视频号头像。在微信这个平台上，想要别人记住并关注你，最重要的就是选择好你的头像，看到头像就知道这个人是谁，干什么的，这就是一个优秀的头像。太普通的视频号头像，微信里随处可见，很难形成品牌，别人很难记住你。（图3-16）

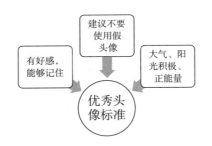

图 3-16　优秀头像标准

设置视频号头像时建议不要用产品图片，很多人心里一定会想，做生意不就是想让更多人知道自己在卖产品吗？这句话没有错，做传统生意确实知道的人越多越好，可是微信视频号不同。

先说第一种情况吧，如果你打算用自己的视频号开发新用户，那我建议你不要用产品图片作为视频号头像，如果用产品图片做头像，很多人看到的时候会产生反感，所以如果我们要开发新用户的话，最好不要用产品图片作为视频号头像。

接着说第二种情况，如果说视频号的好友都是自己的用户，没有其他人的时候，我们只是用自己的视频号来管理自己的用户，这种情况可以用产品图片作为图像，但是不提倡。因为用户希望你们之间不只是生意上的关系，更希望有朋友之间的一份关怀。但如果用产品图片做头像的话，会显得冷冰冰的，缺少一份温情。既然视频号头像是我们的品牌和LOGO，那我们不应该把丑陋的一面展示给客户，而应该展现美好的一面。

3.4　简　　介

视频号简介通常是简单明了，一句话解决，主要原则是"描述账号+引导关注"，基本设置技巧如下：

前半句描述视频号特点或者功能，后半句引导他人关注，一定要明确出现关键词"关注"。

账号简介可以有多行文字,但一定要在多行文字的视觉中心出现"关注"两个字。

可以在简介中巧妙地推荐其他账号,但不建议直接引导他人添加微信等。

3.5 标　　题

视频号的主页能够决定用户对你的作品的第一印象,如果封面足够吸引人的话,还能够给你增加很多人气。视频封面要有主人公,要有一个标题。标题非常重要!好的标题可以引起用户的注意,吸引他们观看视频。

好标题应具备以下几个要素(图3-17):

图3-17　好标题应具备的要素

第一,写出产品的好处和优势。

企业无论举办线上活动还是线下活动,都要让活动与粉丝的利益相关,这样才能让粉丝愿意参与活动。因此,这些活动的标题一定要直接告诉粉丝们可以获得的好处或者能体现的产品优势。

活动的标题务必要大胆创新、简单易懂,契合粉丝的关注点,如"原价99元,现在只要9.9元""想变美吗?给我30天就够了""一个月减肥20公斤不是梦,让我们一起减肥吧"。

第二,写出一个好故事。

手机之所以成为人们的必需品，就是因为人们可以通过它来获得很多新鲜、动人和好玩的故事。其实人人都很喜欢听故事的，只要故事够有趣，人们肯定愿意听。

因此，运营者如果以故事的形式来写标题，就会把粉丝的注意力拉过来。例如，"霸气女创始人：我挖了迪士尼高管，2年把公司干到100亿""摩拜CEO：失败了，就当做公益吧"。

第三，写出疑问性的问题。

通过提出疑问引起粉丝的好奇，促使粉丝看到标题后就想立刻找到答案。要学会使用"怎样""如何"等句式，让人一产生疑问就想通过文章来寻找答案。

运营者在写这类标题时一定要揣摩粉丝的心理，抓住他们想要问的问题，这样他们才愿意阅读文章并分享给自己的好友。例如，"如何玩转社群营销，使企业利润达到300%""中小企业如何做才能提高用户黏性""和女朋友吵架的时候应该怎么做"。

第 4 章
视频号用户画像

4.1 利用大数据建立用户画像

用户画像的概念最早是艾伦·库珀在20世纪80年代提出的。最初只是一个简单的想法，库珀后来将其完善。现在，用户画像被用于优化各种产品的体验，成为产品设计必须使用的策略之一。

对于视频号创作者来说，构建用户画像是必不可少的。想要找到最好的运营方式，就必须通过具体的数据来了解用户，甚至可以将用户这个角色更加立体化、个性化、形象化地展现出来。

通过用户的性别、年龄、教育水平、地域、婚姻情况和消费水平等方面的信息对用户进行详细分析，可以勾勒出一个生动而立体化的形象群体。视频号创作者根据用户画像能更好地了解自己的用户。

4.1.1 用户画像简介

用户画像是什么？用户画像是指根据用户的属性、用户偏好、生活习惯、用户行为等信息而抽象出来的标签化用户模型。通俗说就是给用户贴标签，而标签是通过对用户信息分析而得出的高度精练的特征标识。通过贴标签可以用一些高度概括、容易理解的特征来描述用户，从而更容易理解用户。用户画像包括基于角色的用户画像、基于目标的用户画像和基于行动的用户画像三种类型。

用户画像需要用到哪些数据？一般来说，用户画像根据具体的业务内容和业务目标，会使用不同的数据。在互联网领域，用户画像数据可以包括以下内容（图4-1）：

（1）人口属性：包括性别、年龄和婚姻状况等基本信息。

（2）兴趣特征：浏览内容、收藏内容、阅读咨询、购买物品偏好等。

图 4-1　用户画像数据

（3）消费特征：与消费相关的特征。

（4）位置特征：用户所处城市、居住区域、用户移动轨迹等。

（5）行为数据：访问时间、浏览路径等用户在网站的行为日志数据。

（6）社交数据：用户社交相关数据。

4.1.2　用户画像的作用

在互联网、电商领域，用户画像常用来作为精准营销、推荐系统的基础性工作，其作用总体包括（图4-2）：

图 4-2　用户画像作用

（1）精准营销：根据历史用户特征，分析产品的潜在用户和用户的潜在需求，针对特定群体，利用互联网等方式进行营销。

（2）用户统计：根据用户的属性、行为特征对用户进行分类，统计不同特征下的用户数量、分布，分析不同用户画像群体的分布特征。

（3）服务产品：对产品进行受众分析，更透彻地理解用户使用产品的心理动机和行为习惯，完善产品运营，提升服务质量。

4.1.3 用户画像创建步骤

用户画像创建主要有以下几个步骤（图4-3）：

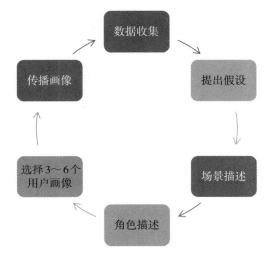

图 4-3 用户画像创建步骤

（1）数据收集。尽可能地收集用户的信息，数据可以有许多不同的来源，甚至包括团队已有的研究成果。用户研究是一个好的起点，有助于深入了解用户。

（2）提出假设。根据第一步中收集的数据，创建、设定各类用户特征，包括用户之间的差异。

（3）场景描述。描述可能触发产品使用的场景，有利于更好地设想用户与产品的交互，定义用户如何使用产品是画像的最终目标。

（4）角色描述。准备典型用户的简要描述，关注用户的需求、动机、愿望和价值观。将上一步中创建的场景添加到描述中非常重要。这个阶段的最终目的是在用户和产品之间建立共情纽带。

（5）选择用户画像。理想的用户数量是有限的，在这个阶段，选择3~6个最具代表性的典型用户进行描述。选择有限数量的用户画像可以让我们在产品设计过程中更加专注。

（6）传播画像。在这个过程中，与团队共享用户画像是很重要的，以便团队对用户产生一致的了解。

凭借多元的音乐风格、酷炫的视觉编辑功能、个性化的分发机制以及良好的平台氛围，视频号在上线不久后便受到了很多用户的追捧。根据笔者调研5000位视频号消费者后得出了用户画像基本数据。（图4-4）

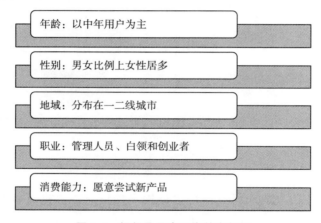

图4-4　视频号用户画像基本数据

受调研条件所限，数据可能存在一定的误差，仅供大家参考。

4.2　访谈调研确定用户需求

用户访谈是通过用户的语言、行为，去了解他们内心深处的需求，排除伪需求，筛选出真实的用户需求。

用户访谈在过程中可以与用户有更深入、更专注、更有质量的交流，通过面对面地沟通、电话、网络视频、问卷等方式都可以与用户进行直接或间接的交流。深入探索被访者的内心与想法，容易达到访谈的效果，并发现一些存在的问题和优化方向，因此也是比较常用的调研方法。用户访谈一般在被访者较少的情况下使用，常与问卷调查等方法结合使用。

视频号创作者投放内容后，还应该时刻跟进用户的反馈，进行用户访谈。在用户访谈这个阶段，视频号创作者明确访谈目的后，就要基于目的与受访者拟定访谈清单。（图4-5）在设计清单前，先问自己：

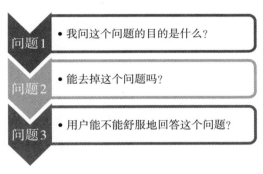

图4-5　用户访谈清单

（1）我问这个问题的目的是什么？

（2）能去掉这个问题吗？

（3）用户能不能舒服地回答这个问题？

视频号创作者进行用户访谈必须注意以下技巧。（图4-6）

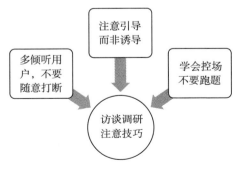

图4-6　用户访谈注意技巧

视频号创作者应该多倾听用户，不要随意打断，也不要给用户解释内容。用户是你内容的消费者，而你正在努力理解他们的真实想法。所以用户在访谈中发言的时候，一定要仔细倾听，不要打断。如果你有任何问题，可以等他们讲完后再提出来。毕竟你一旦打断了他，很可能会错过一些对你而言十分珍贵的信息。

另外，如果你一直在试图解释用户挑出的问题，试图说明那些问题该怎么做，责怪用户认为是由于其无知所造成的后果，结果可想而知，一场与用户面对面珍贵的访谈会，由于你失败的情绪管理，可能变成了一场讨论会、辩论会。此时此刻，你的职责始终应该是去倾听用户。

视频号创作者应该注意引导，而非诱导。不要对用户提出诱导性的问题，比如，"我们的视频号好看吗？""我们的内容，您转发朋友圈了吗？"通常这么问的话，用户可能会产生从众心理，只会说出你想要的答案，而不是他们内心的真实想法。我们可以用开放式的提问，"您最喜欢视频号内容的哪个场景？""您最先是怎么看到我们的视频号的呢？"这样问，才能够得到最真实的用户需求反馈，从而帮助创作者对后续创作的内容进行调整。

视频号创作者应该学会控场，不要跑题。访谈过程中，有可能谈着谈着，就变成吐槽大会了，这个时候你需要把用户拉回来，不要被用户带着跑偏了。你就是主持人，不仅要学会倾听，更要把控整个访谈过程。

访谈虽然有套路和技巧，但能否通过访谈获取到用户真实的信息，还要靠多做访谈，不断精进。每次做完访谈都要复盘，多总结、多回顾。

第 5 章

如何打造具有个性的视频号

内容是一个成功的视频号作品中最重要的部分。视频号运营者在对内容进行策划的时候，必须结合用户的需求来确立主题，合适的主题可以使作品最大限度地受到用户的喜爱。在确立了主题后，就是对主题内容进行制作了。我们必须打造具有个性的视频号，这样才能被用户记住。

5.1 蹭时下热门话题

5.1.1 什么是热点

热点是指受大众关注的新闻、信息，甚至可以是人物、地点、问题等。简单来讲，"热点"是信息在传播中最受大众关注的某个或者某些点，具有广泛的传播度和关注度。

广义上的热点指"社会热点""新闻热点""问题热点"等；狭义上的热点指"某个事件""某个地点""某个观点""某个词汇"等。

5.1.2 为什么蹭热点

无论是个人还是企业，都曾考虑过如何创造热点，但是创造热点的成本一般来说高于"蹭热点"的成本，加上创新比较有难度，"蹭热点"便成了传播产品信息的一个快捷途径。

作为视频号运营者，需要明白蹭热点的目的是什么。（图5-1）

它可以持续而有效地传递信息，沉淀粉丝，开展长期的用户关系管理，提升品牌忠诚度；针对热点事件造势，迅速提升粉丝互动率，由非粉丝转化为粉丝；进行软性营销，提高话题传播次数，借力热门话题榜单的高关注度来增加品牌曝光度。

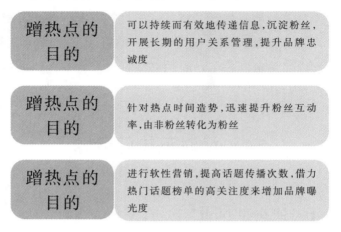

图5-1 蹭热点的目的

5.1.3 如何寻找热点

作为视频号运营者，可以从5个路径寻找热点。（图5-2）

图5-2 寻找热点的5个路径

1. 通过百度搜索风云榜分析数据

百度搜索风云榜是基于数亿网民搜索行为的数据，以关键词为统计对象，建立关键词排行榜的平台。该平台覆盖十余个行业类别，有100多个榜单，能够直观反映出互联网用户的兴趣和需求。（图5-3）

作为视频号运营者，可以在百度搜索风云榜上查找用户关注的兴趣点，然后结合自己的运营内容，将热点与想要推广的内容结合起来，推送给用户，这样更容易吸引用户点击观看。

图 5-3　百度搜索风云榜

2.通过爱奇艺指数分析热门内容

爱奇艺指数是一个视频数据分析平台，通过该平台，用户可以了解播放趋势、播放行为、人群特征等信息。（图 5-4）

对于视频号运营者来说，需要经常利用这样的视频指数平台来分析热门视频的播放趋势、用户的观看行为、观看用户的特征等。

视频号运营者只需要在搜索栏输入关注的视频名称，即可查看视频的指数情况，如果是想要进行多视频对比，在搜索栏中输入视频名称时以分号分隔即可。

图 5-4 爱奇艺指数

3. 通过搜狗搜索寻找热点

搜狗搜索是人们常用的一种信息搜索方式,打开其页面,你可以发现现在的搜狗搜索已加入一些新的元素。(图 5-5)

图 5-5 搜狗搜索

由上图可见,用户在使用搜狗搜索时,还可以进行微信搜索或知乎搜索，只要点击页面中的"微信"或"知乎"导航标签，就能够进入相应的链接页面，找到你想要的热门信息。

4. 通过百度指数分析近期趋势

百度指数是互联网时代最重要的数据分享平台之一，该平台是基于百度用户行为数据建立起来的平台。（图5-6）

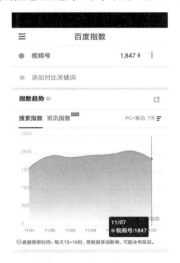

图 5-6　百度指数

通过该平台，视频号运营者能够了解到某个热点的火热程度，它能将竞争产品、受众指向、传播效果等数据或信息，以科学的图谱方式呈现出来。

如果视频号运营者想要了解某个热点的火热程度，直接在百度指数查询栏里输入热点关键词即可。

5. 通过微博热门话题寻找热点

新浪微博话题是基于社会热点、个人兴趣等内容形成的相关专题，页面将自动收录以#话题词#形式发布的相关微博。（图5-7）

企业可以借助热门话题进行创作，成为引领潮流的意见领袖者，达成品效合一的品牌宣传目的。

图 5-7　微博热门话题

作为视频号运营者，实在不知道自己应该创作什么内容，就可以参考热门话题。山峰团队就经常会借助时下热门话题来进行创作，比如碰瓷话题。（图 5-8）

图 5-8　山峰团队话题

5.2 经常制造新闻

移动互联网时代，用户喜欢任何具有"新、奇、特"特点的新闻，视频号运营者要抓住这个要点，学会制造一些新闻。

我们制造新闻主要分为两类：第一个是带有娱乐性质的新闻，第二个是带有好玩性质的新闻。作为视频号运营者，在利用移动互联网进行营销的过程中，可以利用各种娱乐化元素、各种好玩的元素吸引用户的目光，达到信息传播的目的。

第一类，带有娱乐性质的新闻。

视频号运营者在运营过程中要充分发挥娱乐性，用创意的思维为用户创造轻松的环境，打造带有娱乐性质的新闻。

第二类，带有好玩性质的新闻。

视频号运营者最好不要以严肃、乏味的说教形式进行内容运营，而要学会制造好玩的新闻，提起用户的兴趣，只有这样才能得到关注。

经常制造新闻还是要讲究一定的原则，内容要和账号定位相符，内容要有理有据、真实可靠。

比如papi酱，papi酱凭借张扬的个性、用"毒舌"吐槽或调侃时弊，以短视频创作者的身份迅速走红网络，一度被评价为"中国第一个性网红"。papi酱的一大特点就是她有文化和内涵。

纵观papi酱的成功，我们不难发现，她是依靠经常制造吸引受众眼球的视频而逐步火起来的。她的选题设计比较出众，涉及生活、娱乐等方方面面，以无厘头式的口吻进行吐槽，短时间内就积累了大量粉丝，并迅速实现了原始资本的积累。

5.3 打造独特的标签

5.3.1 明白视频号的目标和定位

短视频是以人为基本组成要素的。在工业时代,品牌的宣传口径永远都是用户;在互联网时代,企业将用户变成产品的粉丝;到了移动互联网时代,品牌不仅要将用户变成粉丝,更要将粉丝聚集起来一起打造品牌视频号。

作为视频号运营者,要明白视频号的目标和定位,也就是我们说的需求。正因为有了需求,视频号才有存在的价值。无论视频号的目的是销售产品还是学习成长,都会影响目标用户和后期的运营策略。

视频号的目标人群是行业大咖、精英团体,还是企业家?是像正和岛那样拥有一亿元以上身家的企业家、中小企业的企业家,还是颠覆式研习社里的新锐创业者?无论定位为哪个用户群体,都要分析他们的需求及社交场景。视频号本质上是一套小范围内的生态系统,是一种部落化经济形态,其本身是有自生长、自消化和自复制的能力的。

视频号运营在初期容易出现的错误之一是将任何用户都看作是目标用户,没有分清重点。另一个容易犯的错误就是视频号刚建立就急着提升用户的活跃度,但这些做法很可能会降低用户的体验度。视频号应通过价值主张来吸引用户,之后再加强自身和用户的连接。从某种程度上来说,视频号和用户关系决定了社群质量的高低。

确定了视频号的目标用户后,还要判定视频号的类别是励志型、知识型、娱乐型，还是文艺型？视频号的风格是亲切的、高雅的、流行时尚的，还是大气磅礴的？视频号一定要有自己的标签，否则所吸引的用户就是不同频的人，没有共同语言。

5.3.2 将自己最擅长的技能发挥到极致

打造标签，换句话说就是寻找自己的调性，找到自己擅长的内容，可以是模仿秀、分享知识，也可以是搞笑或者其他方向的内容。如果个人技能很出色，可以持续地输出原创视频，例如烹饪、歌舞、乐器等方面的内容，将自己最擅长的或者喜爱的技能发挥到极致，用有趣的方式分享出来。

不要认为自己的技能没有价值，也不要认为自己什么技能也没有，因为分享本身就是一个很有意义的事情，如果不能分享完美的结果，也可以分享努力尝试的过程。

5.4 深度垂直

视频号提供什么内容，需要遵循的一个原则就是看自己能为用户提供什么。这里面涉及我们必须提到的深度垂直策略，深度垂直策略就是针对某些特定领域、特定人群或特定需求提供有价值的信息或相关服务。深度垂直策略的特点就是专、精、深，且具有行业色彩，与全而广的内容策略截然不同。

因此，深度垂直内容需要有专注具体、深入的纵向服务，致力于某一领域内信息的全面挖掘和内容的深入研究，所推送的内容是为产品服务的，并在此基础上深挖，没有这个领域外的闲杂信息。那么，如何做好深度垂直内容呢，可从以下几点入手。（图5-9）

图 5-9　深度垂直方法

5.4.1　围绕产品进行知识延伸

作为视频号运营者,单纯的产品介绍、产品推荐已经无法吸引用户的购买兴趣。

营销过于直接,反而会令用户生厌,如果能推送一些与产品或服务有关的延伸性知识,用户接受起来会比较容易。因此,视频号运营者一定要善于制造与产品或服务有关的话题。

5.4.2　展示某产品

这主要是针对企业,或者希望通过销售某种产品、服务赚钱的视频号运营者。如果产品足够好,就可以直接向用户展示自己的产品,如新产品发布、节假日特大优惠等。不但直接推销更能吸引用户,而且着眼点较小,就是单纯地推销某一种产品,所以很容易受到关注。

5.4.3　展示企业文化

如果是企业,可以直接展示企业文化、经营理念或者传递价值等,这也是企业做视频号的主要目的之一,通过展示与企业有关的文化背景，吸引用户，强化用户的黏性，取得用户的认可。

文化层面的内容更能深刻反映出一个企业的底蕴，有利于促进用户了解企业、对企业产生更深的信任感，这种内容尤其适合一些知名度较高的企业或新兴企业等。

5.5 构建"视频号+私域社群生态圈"

视频号，本身就是微信APP上的一个产品，无须操心流量从哪里来、如何独立运作这些问题。截止至2020年11月，微信月活跃用户数已超12亿。而这些流量，就是视频号自带的巨大流量池，再加上视频号自带社交属性，支持链接到公众号（扩展链接仅支持公众号）、分享到朋友圈和微信群，优势极其明显。

视频号运营者在推广自己的视频号时，需要构建"视频号+私域社群生态圈"，通过社群好友的点赞，内容就可以被非好友列表的人看到，通过你的关系链，以及你好友的关系链，形成滚雪球效应。视频号的产品形态不是一个独立APP，是处于微信熟人关系链里的一个入口。而视频号运营者，就是需要将社群好友转介绍，也就是通过熟人社交来运营推广。

视频号具有公域流量属性，是微信目前容易获取公域流量的入口。如果视频号运营者的社群能提供有价值的内容，就能筛选出自己的目标用户，促成转化。

5.5.1 打造优质社群

怎样打造优质社群，让更多的人参加呢？（图5-10）
首先，社群定位要清晰。

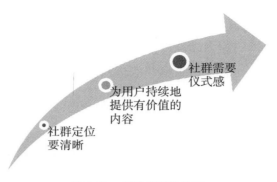

图 5-10　打造优质的社群

构建社群的基础是社群定位要清晰。如果定位不清晰就很难寻找到精准用户。比如，你的产品是母婴用品，然而你寻找的用户是足球爱好者，这样你的产品转化率肯定不会高。

其次，为用户持续地提供有价值的内容。

构建社群的核心是为用户持续地提供有价值的内容。为什么很多社群初期比较热闹，后期比较沉闷呢？主要因为社群运营者没有详细具体的活动规划和内容规划，没有持续为用户提供有价值的内容。如果没有给用户带来有价值的内容，用户就不会继续关注社群，社群慢慢地就沉寂了。

最后，社群需要仪式感。

当新人进入社群的时候，需要有人欢迎和指引，需要有人及时给予交流和互动。如果新人进入社群的时候，群里没人欢迎，这样会给新人带来陌生感和距离感，新人就不会愿意主动发言和交流，这样社群就更加沉闷了。相反，如果新人进入社群的时候，群员列队欢迎，对于新人来说会感觉受到尊重和鼓舞。社群运营者要让入群的群员享受到入群仪式带来的亲切感，这样才有利于打造优质社群。

5.5.2 花粉俱乐部

花粉俱乐部是华为&荣耀唯一的粉丝交流互动平台，也是华为&荣耀聆听用户真实声音的窗口，到底是什么魅力让花粉俱乐部发展得如此好呢？（图5-11）

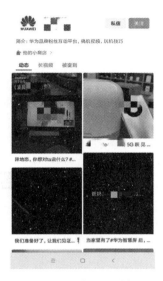

图 5-11 花粉俱乐部

1. "花粉"的构成

我们先看一下花粉俱乐部的粉丝构成。花粉俱乐部是一个以年轻人为主力的粉丝互动平台，这里有爱游戏、爱摄影、爱设计、爱旅游，以及愿意提出各种想法、建议的个性人群，他们因为热爱而聚集在这里。

花粉群是一个会相互影响的社群，良好的交流环境能够让粉丝数量健康有序地增长。花粉俱乐部里面的花粉们互相激励，共同成长，这种不断传递正能量的环境是花粉俱乐部形成高口碑并持续吸粉的一个重要原因。

2. 丰富的内容

华为官方为用户答疑解惑，丰富的线上内容和线下面对面的活动，提高了用户的活跃度。在线上，他们定期举办粉丝UGC内容征集、花瓣商店限制回馈等福利活动；在线下不间断地举办高校讲堂、校园音乐节、花粉专属福利等活动。同时，他们还通过打通线上、线下，让用户产生良性循环，刺激用户创造更多、更精彩的原创内容。

3. 贴心的服务

贴心的服务是所有社群都无法回避的运营手段，通过贴心的服务让用户在社群中得到温暖，慢慢地产生依赖心理，让用户在喜欢的社群中停留。

社区可以为用户提供以下贴心服务：

第一，活跃气氛。

用户之所以愿意一直留在社群中，有一个很重要的原因就是社群不会让人感到乏味和无趣。因此，社群气氛非常重要，在一个气氛活跃的社群中，用户才能产生较好的参与感。

第二，给予权利。

在社群中，一定要给予用户一定的权利，让他们能在社群中自由发言，并提供一个分享经验、学习知识的平台，让他们能有一种实现自我价值的成就感。

第三，基于兴趣。

社群中开展一些基于兴趣的话题、游戏和活动，只要贴合用户的需求，抓住用户的喜好，并根据这些需求与喜好进行服务，就一定能够成功地留住用户。

5.6 主题有个性和趣味性

作为视频号运营者,需要重视"视频号+公众号"的打造。微信公众号的内容多半以文章的形式进行推送,有些文章让人读过后感觉不错,传播度也还行,但是可能没有太多价值。还有一些比较少见但内容较好的文章,可能因为比较小众,粉丝也未必会转发。所以,为了吸引粉丝,视频号运营者在筛选文章方面需要下足功夫。(图5-12)

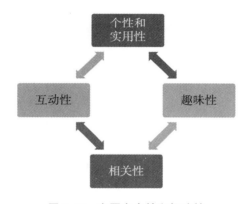

图5-12 主题有个性和趣味性

第一,个性和实用性。

随着微信公众平台功能的逐步完善,视频号运营者可以综合推出个性化和实用性较强的功能,如查询天气预报和社区新闻,但微信公众号一定要选择实用性强的文章进行推送,让粉丝看完后真正受益。例如,有关时事热门话题的文章就是一种实用性文章,因为大家对时事热门话题都比较熟悉。视频号运营者可以将这些元素适当地添加到微信公众号文章中,一定会引起粉丝们的兴趣。

第二,互动性。

微信公众号如果缺乏互动性,即使有再多的粉丝也说不上成功，因为微信公众号的质量不是由粉丝数量来体现的，而是由粉丝的活跃度来体现的。

例如，某微信公众号有100万粉丝，但他们不参加话题讨论，不购买商品，也不进行任何互动，那么这些粉丝就是"僵尸粉"，这样的平台毫无价值可言。而有些微信公众号虽然粉丝不过千人，但每推出一个活动都能引起粉丝的转发、参与及购买，那么这个微信公众号比有百万粉丝的微信公众号更有价值。

第三，趣味性。

现代人的工作、生活压力比较大，每天只有少量时间可以上网浏览网页。如果微信公众号推送的文章具有一定的趣味性，粉丝在阅读时就会很放松，也会很乐意接受文章的内容。如果微信公众号推送的文章可以给粉丝们带来持续的欢乐，那么也将获得他们的持续关注。当然，趣味性的文章也不能太搞笑或无厘头，需要把握一定的尺度。

第四，相关性。

相关性是指事件与受众群体的相关度。一般是指心理上、利益上和地理上的联系有多少，联系越多，越容易被受众关注。比如，大多数人对自己的出生地、居住地，或者曾经给自己留下过美好记忆的地方，总是怀有一种特殊的依恋和情感，因此在主题选择上如果结合受众的地域性，就更能引起这部分人的注意。

5.7 利用冲突制造戏剧性

5.7.1 什么是冲突

戏剧冲突是指表现人与人之间矛盾关系和人的内心矛盾的特殊

艺术形式。从戏剧冲突中可以反映出人物的性格与剧本的立意。

戏剧冲突是构成戏剧情境的基础，是展现人物性格、反映生活本质、揭示作品主题的重要手段。戏剧冲突在作品中的表现方式是多种多样的：可能表现为某一人物与其他人物之间的冲突，有人把这种方式称之为外部冲突；也可能表现为人物自身的内心冲突，有人把它称为内部冲突。戏剧冲突的这两种方式，有时各自单独展开，有时则交错在一起，相互作用，互为因果。戏剧冲突还可能表现为人同自然环境或社会环境之间的冲突，这种冲突也需要戏剧化。

没有冲突，内容将会索然无味。同样，我们做视频号内容时也要学会刻意制造和利用冲突。人性有喜欢围观冲突的一面，有冲突就有话题，有话题就有围观，很多人都喜欢凑热闹发表评论，这就是人性。

5.7.2 冲突的类型

戏剧冲突因剧作情节结构不同，往往呈现出不同类型，我们在设置冲突时可以借鉴。（图5-13）

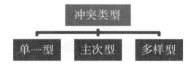

图5-13 冲突类型

（1）单一型。这类戏剧冲突的对立面自始至终基本不变，一贯到底，在一次次交锋中，冲突越来越激烈，最后总爆发。

（2）主次型。全剧有一个主要冲突，但这一冲突并非每场都出现，有时出现的是次要冲突。

（3）多样型。一些剧作没有贯穿到底的完整而集中的戏剧情节，各场多由一系列人物的生活片段组成，它在众多人物的生活场景中，展示一个个分散的冲突，这些冲突统一于共同的主题之下。

5.7.3 注意的技巧

有些故事为什么能被人一边吐槽又一边忍不住看？因为满满的槽点就是话题，各种冲突的设置让人想知道故事的走向是意料之中还是意料之外，是否会有其他的反转？有冲突、有反转的短视频故事才能吸引人继续看下去，而不是看一眼就离开了。

例如视频号"讲道理侠"，她以生活和职场中的各种奇葩事为引子，然后设置"怼"奇葩的冲突反转，让人看后心情舒畅，忍不住就想关注该账号，看看视频号上还有哪些好玩的奇葩事。

视频号运营者了解了这些冲突的概念和类型，就可以在创作的时候利用这些冲突制造反差和反转效果，但是一定要结合内容，合理恰当地使用，不然使用得太刻意，容易造成生硬的效果，适得其反。

第 6 章
视频号引流的方法

视频号引流要利用全渠道来引流，在微信平台上就是将"视频号+公众号"相结合；另外，视频号运营者要把内容同步发送到其他平台，利用其他平台自带的流量进行营销宣传、引流活动。这时就可以将全渠道流量为己所用。

引流一般包括内部渠道和外部渠道两方面。内部渠道指的是微信体系平台自身资源；而外部渠道则指的是微信之外的其他平台资源，包括阿里巴巴、微博、今日头条等。

6.1 直播间连麦引流

在微信视频号直播间与粉丝或其他主播以语音或视频连麦的方式来直播，由传统的分享型直播转变为访谈型直播，这不仅符合微信视频号的社交氛围，还可以进行引流。

连麦功能从主播的角度来说，在与用户实时互动的同时，一方面大大提高了直播间的观赏性，丰富了直播内容，另一方面还增加了直播间的留存率；从用户的角度来说，如果自己的连麦申请被视频号主播通过，粉丝会感觉自己是受到关注的，这样一来就加强了粉丝对主播的忠诚度，视频号用户的整体黏性也相应提升；从平台角度来说，连麦功能的推出有效提高了用户的内容质量，让视频号直播变得更好玩。

那如何做好视频号直播连麦的准备工作？为了保证连麦前后直播间结构的一致性，根据首麦视频流比例（横版和竖版）的不同，可采用两种连麦后的视频流呈现方式，即左右呈现和大小屏呈现，关键是不会影响观众对主麦用户的观看体验；为了保证首麦、副麦、观众看视频的流畅性，可以降低首麦码率，这样接入新的视频流后就不会占用太多带宽。

视频号直播间最多可以同时连麦4个人，可以用提问的方式来引导直播间节奏，并且把问题写在白板上，让进入直播间的人可以马上知道聊的什么话题。在视频连麦的过程中，我们要提高内容的质量，这样观众才更有意愿观看。在这里需要强调的是，谨慎与陌生用户连麦，以防造成直播翻车事故。

6.2 朋友圈引流

微信朋友圈是微信用户进行社交分享的主要平台，是用户日常使用频率最高的平台之一。微信用户利用碎片化时间来查看朋友圈，从而了解更多信息。也正因为如此，视频号运营者所发布的信息，到达用户处的概率非常高，大家一定要重视通过朋友圈引流视频号。

视频号运营者可以在微信上多花点心思，为用户多提供优质的内容和产品。只有真正提升自己的能力，才能够吸引更多的用户的关注和喜爱，从而将流量变成收益。

当前，朋友圈支持添加话题标签。只需要在发朋友圈时，点击聊天框就会出现"#"符号，在符号后添加文字，或者直接输入"#+文字"，则会自动变为一条超链接，比如山峰朋友圈的"#视频号"。（图6-1）

发布朋友圈后，当朋友圈里的好友点击这一话题标签，就可以跳转到这个话题标签的相关内容。

"话题标签"功能对于互联网用户来说并不陌生，在国内的微博、抖音和快手等平台比较常见，它的作用主要是对某类话题内容的整合。朋友圈中的好友点击这一话题，优先展示的是视频号的内容，接着是朋友圈的动态、公众号文章以及搜一搜的搜索结果等。

朋友圈可以添加话题标签，既不是一个需要用户主动使用的功能，也没有给用户一个具体的使用场景，但实际这一步对于微信来说至关重要。据悉，微信朋友圈的每日曝光量达到100亿次，在这样庞大的流量池中,一个微小的改变,都足以激起互联网圈的层层波浪。

图 6-1　朋友圈话题标签

通过话题标签这一路径,微信实现了朋友圈内容与其他微信生态内容的直接连接,尤其优先显示视频号,将为视频号带来巨大流量。

6.3　私信引流

视频号支持私信功能,视频号运营者可以通过该功能给用户发信息,用户可以随时查看,并利用私信回复来进行引流。(图6-2)

图 6-2 私信引流

6.4 视频号评论区引流

视频号的评论区，大部分都是视频号的受众用户，而且都是活跃用户。视频号运营者可以先编辑好引流话术，话术中带有微信等联系方式，在自己发布的短视频的评论区回复其他人的评论，完成引流工作。（图 6-3）

关于视频号评论区引流，有几个方法推荐给大家：

第一，选择同类型的视频号大号。

这类大号首先是流量大，如果你的点评内容比较犀利、观点独到，那么就能引起其他粉丝的积极点赞、评论或是关注，自然就能起到引流、涨粉的目的。

第二，第一时间评论。

视频号大号发布新内容后，你评论得越迅速越好，抢占先机，这样才能获得头部效应。好的机会往往都是稍纵即逝的，通过留言评论进行推广引流也是一样，越快越好。如果你是第一个留言评论的，那么你的留言评论将被展示在评论区最前面的位置，这样曝光的机会很大，推广引流的效果是非常好的。

图 6-3　评论区引流

第三，评论内容要幽默风趣、语言犀利。

给他人留言评论，目的是要让别人注意到你并关注你，从而达到引流的目的，不能为了评论而评论。类似"支持""太好了""赞""转发了"等评论，尽量不要用，除了给被评论人增加评论的数量，没有任何实际意义和价值。大家的评论要尽量幽默风趣，这样才能给人留下深刻的印象。

6.5　视频号简介引流

视频号运营者做原创内容，引流是最好的选择，我们可以把原创的短视频发布到视频号平台，同时在账号的简介部分进行引流，如昵称、个人简介等模块，都可以留下微信等联系方式。（图6-4）

注意，不要在简介中直接写"微信"字样，可以用拼音简写、同音字或其他的相关符号来代替。短视频的播放量越大，曝光率越大，引流的效果也就会越来越好。

图 6-4　简介引流

6.6　互粉群引流

互粉的意思就是相互关注，即你关注我，我也关注你，这个方法在短视频平台是非常实用的，很容易达到几千上万粉丝的级别。

视频号运营者可以利用互粉群来进行引流，增强粉丝之间的黏性。当群里的用户发布了新作品之后，可以将作品分享到群里，让大家帮忙转发和点赞，自然能够快速让短视频上热门。

6.7　互推合作引流

通过视频号大号互推的方法，即微信视频号之间进行互推，就是建立微信视频号互推阵营，实现规模效应和共赢的目的。

微信视频号之间的互推是一种快速引流涨粉的方法，它能够帮助视频号运营者的视频号在短时间内获得大量粉丝，十分有效。

相信大家在微信公众号看到过这种现象，某一个公众号专门写一篇文章，为一个或者几个微信公众号进行推广。这种推广算得上是公众号互推。这种两个或者多个公众号的运营者协商好有偿或者无偿为对方进行公众号推广的方式，能很快看到效果。其实，这种方法也适用于微信视频号的推广。

视频号运营者在采用视频号互推、引流涨粉的时候，需要注意尽量不要找同类型的视频号合作，因为同类型的视频号运营者之间会存在一定的竞争关系。

两个互推的视频号之间，尽量有互补性。比如，你的视频号是保健养生类的，那么你选择互推的视频号可以优先考虑找中老年生活类的，这样获得的粉丝才有价值。

6.8 矩阵引流

短视频矩阵就是通过打造不同的账号，然后通过各种方式实现账号互联互通，从而实现最大化引流涨粉的目的，以此提高商业价值。短视频矩阵这种方法也适用于视频号，比如樊登读书就采用了矩阵引流的方法。（图6-5）

图6-5 樊登读书矩阵

可能会有朋友会问到，那我们想要通过视频号矩阵引流，应该怎么做呢？接下来，笔者和大家分享矩阵引流的3种方法。（图6-6）

图6-6 矩阵引流

6.8.1 视频描述@矩阵账号

我们在发布视频的时候，可以在标题中@矩阵账号，很多用户会感到好奇，从而会点击标题中被@的矩阵账号，这样可以实现粉丝的互联互通，尤其是当我们的视频发布后上了热门，那么矩阵带来的引流效果更加明显。

6.8.2 评论中@矩阵账号

当我们发布视频之后，可以用大号在评论中@矩阵账号，引导用户关注，这种方式也可以给我们的矩阵账号带来大量的粉丝。

6.8.3 个性签名@矩阵账号

我们还可以通过个性签名来引导用户关注我们的其他视频号账号，从而打造属于自己的视频号矩阵。

6.9　公众号引流

公众号可以插入视频号动态卡片，位置就在编辑器的右上角。输入关键字便可以搜索到相关视频号账号和动态。点击选择账号后，可以看到该账号所有的视频号动态，目前允许插入任意视频号卡片。（图6-7）

图 6-7　山峰公众号和视频号打通

目前一篇文章最多插入 10 条视频号动态。在手机端点击动态信息链接后，会自动跳转到视频号播放页面，而不是在公众号文章页面播放。视频号内容被公众号引用之后，用户会收到一条系统消息（在视频号私信模块查看），提示自己的视频号内容被引用了。

公众号和视频号全面打通，可以实现无缝对接，打造一个流量闭环。

6.10 其他平台引流

随着互联网的发展，人们在网上开展的社交活动也越来越多，也有越来越多的社交平台出现。

随着这些平台的诞生和发展，各平台的流量红利也越来越大，虽然有部分重合的迹象，但是新用户也在不断增加。基于这一情况，作为视频号运营者，可以通过多个社交平台为自己做引流。比如百度系、阿里巴巴系、今日头条系，以及微博、QQ平台等。（图6-8）

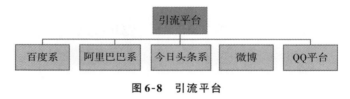

图 6-8 引流平台

6.11 线下活动引流

互联网的飞速发展，让我们可以将更多的时间集中在线上活动，甚至，只要有一部手机就完全可以将工作事业做到国外去。因此，我们将更多精力放在线上活动了，几乎所有的推广宣传都在线上开展。渐渐地，我们忽视了另外一个重要的引流方向——线下活动。

无论是传统企业还是互联网，始终绕不过与人打交道。尽管线下活动实效性和成本不能与线上活动相比，可线下活动才是跟用户进行最直接的面对面交流、快速沟通、快速相互了解的途径，这是通过语音、文字都无法达到的。

线下活动引流效果较为明显的一般都是沙龙活动等。在活动中，无论是组织者还是参与者，他们都有较为明确的喜好和特点。参与沙龙活动的人群大多都是有相同的喜好而且心怀诚意的人，他们所选择参加的沙龙活动，也是与他们日常生活或者工作息息相关的。对于这一类人群，视频号运营者只要掌握了他们的喜好，再根据其喜好制造需求，将他们转为成交用户也不是一件困难的事。那么，策划一个成功的线下活动需要注意哪些问题呢？（图6-9）

图6-9 成功的线下活动应具备的要素

1. 时间

视频号运营者需要考虑好主讲嘉宾的时间、粉丝的时间、节假日时间，以及是否有空场地等，综合考虑以上事宜之后再确定时间。如果活动延时，延长的时间要掌握在0.5小时～1小时之间。

2. 预算

视频号运营者还要跟企业家、粉丝沟通，看他们是否有免费资源，这样可以节省活动费用，例如，免费赞助食物、免费提供场地、免费赞助小礼物等。同时，视频号运营者要开讨论会，明确哪些费用不能节省、哪些费用可以节省。

3. 场地

视频号运营者选择场地时需要考虑以下问题：

① 场地交通是否方便？
② 环境是否吵闹？
③ 是否有指示牌？
④ 能不能摆放活动海报和易拉宝？
⑤ 现场Wi-Fi、麦克风和投影能不能正常使用？
⑥ 电源插座够不够多？
⑦ 空调能不能用？
⑧ 是否提供免费食物？

解决了以上问题，就解决了场地问题。

4. 准备嘉宾课件

活动通常会邀请嘉宾进行演讲，演讲嘉宾的课件在活动前要预演，以防发生课件无法打开等情况。活动前，视频号运营者收集好演讲嘉宾的课件，活动后把课件放入群共享，方便参加活动者回顾学习。

5. 发布通知

发布活动的通知是一项细致的工作。在发布通知前，视频号运营者需要明确是否可以在场地提前张贴海报；如需要换乘公交和地铁，要详细标注并提供问路电话。视频号运营者需要在报名成功后通知一次粉丝，活动前3天再通知一次粉丝。另外，活动通知可以发送给嘉宾，让其帮忙转发宣传。

通知要按照标准格式书写，必须包含时间、地点、人物和事件。通知的设计和书写要做到让粉丝可以在30秒内判断这个活动是否值得参加。

6. 现场准备

视频号运营者需要确定现场工作人员应到达现场的时间；确定各项工作的负责人，细分到准备物料、检查细节、准备签到表和与场地工作人员沟通等工作。

这里需要重点强调的是活动的短视频拍摄、视频号直播和实时微信群互动等，这些都是视频号活动的新玩法，务必要将责任落实到个人。

7. 拍照

活动中，拍照是个技术活。视频号运营者需要现场活动标志、嘉宾和课件、提问互动场面、签到场面、粉丝跟嘉宾交流场面等影像资料。建议视频号运营者在活动前邀请大家拍张合影，以免活动后期部分参与人员提前离场而影响拍照的效果。如果有横幅或者海报，活动组织者可以拍带横幅或者海报的合影。

8. 活动策划

视频号运营者确定时间后，除了嘉宾演讲和互动之外，还需要策划一些游戏活动。例如，分享小故事和歌曲接龙等，这些活动可以促进大家彼此的了解和熟悉。

第7章
视频号上热门的玩法

7.1 设置话题或标签

话题或标签的设定也是很有讲究的,下面就介绍一下设置视频号标签话题/标签的一些方法。

7.1.1 提高匹配度

如何提高标签的匹配度呢?视频号可以设置8个关键词,前5个完整的关键词是站在用户的角度来进行撰写的。比如山峰团队搞笑类视频号的标签(图7-1),可以写"搞笑""幽默""热门""热点""不限流"等;也可以把一个词分开写,例如"搞""笑""热"等,这样做的目的是让1个词可以匹配,2个、3个词也能匹配。

图 7-1 视频号标签

7.1.2 定期调整

视频号运营者要根据用户的搜索习惯定期调整标签话题,具体做法是:提前准备十几组标签话题,定期总结用户的搜索习惯,根据被搜索次数最多的话题词汇来调整自己的标签或话题。

7.1.3 合理排序

选好了标签或话题,就要进行合理的排序,进行优化,例如前面6组的词都用四个字的词语,从第七个词开始,可以按照字数递减的顺序来排列,如"美白祛痘""美白祛""美白""美"。

7.1.4 重视节假日

标签或话题最好一个月换一次,如果遇到节假日就要更换与之相关的标签话题,如父亲节,就把"父亲节"写进标签里,当用户搜索关于父亲节的消息时,能使你的视频号易于被搜索到。

7.2 添加所在位置或定位

作为视频号运营者,发布作品有没有必要添加自己所在的地理位置或定位呢?答案是肯定的。

首先,地理位置建议选择你附近三公里范围内的标志性建筑,通常标志性建筑附近的位置人流量比较大,同时也不会泄露你的真实信息。

另外,视频号在进行第一批推荐的时候会优先推荐给同城的人,所以加入地理位置,不但让你显得更真实,还会和粉丝产生更多基于地理位置的互动和亲切感。

如果你是做实体店，写上实体店真实的地理位置，可以提高用户的社交需求和活跃度，不单单能让你的作品互动性有所提高，而且还能提高自己实体店的品牌曝光度，进而增加店面的客流量。

7.3 添加视频描述

视频号是以内容为王，一条好的视频描述非常重要！好的视频描述可以引起粉丝的注意，驱使他们观看视频和阅读文章。

好的视频描述应遵循如下几点思路。（图7-2）

图7-2 视频描述遵循的思路

7.3.1 写出产品的优势

企业举办活动的目的让用户利益最大化，这样用户才会积极参加活动。因此，这些活动推广的视频描述一定要直接告诉粉丝们可以获得的好处或者表现出产品优势。

活动推广的视频描述务必要大胆创新、简单易懂、直接击中粉丝的关注点，如《原价99元，现在只要9.9元》《想变美吗？给我30天就够了》。

7.3.2 写出一个好故事

大家通过手机获得了很多有趣有料的故事，慢慢地手机成为大家的必需品。其实人都是很喜欢听故事的，只要故事够有料，人们肯定会好好听。

因此，视频号运营者如果以故事的形式来写视频描述，就会把用户的注意力吸引过来。例如《摩拜CEO：失败了，就当做公益吧》

7.3.3 写出疑问性的问题

通过疑问引起用户的好奇，促使粉丝看到视频描述后就想立刻找到答案。多使用"怎样""如何"这样的句式，吊起大家的好奇心，这样他们就想通过视频号平台来找答案。（图7-3）

视频号运营者一定要注意视频描述与视频内容是相符的。不能为了吸引用户的注意、增加点击率，使用与内容不符的视频描述，那就是欺骗用户了。我们要做的就是真心对待每一位用户，这样才能获得用户的关注和喜爱。

图7-3 视频描述

7.4 添加扩展链接

微信视频号与微信公众号联动，打造私域流量闭环。视频号的流量可以回流到微信公众号、社群、小程序，实现微信私域流量池的闭环。那么如何在视频号里添加公众号的链接呢？

步骤如下：

1. 准备一篇文章。

准备一篇你想推广的公众号文章；点击右上角的三个小圆点。（图7-4）

2. 点击"复制链接"。（图7-5）

图7-4 公众号文章界面　　图7-5 点击【复制链接】

3. 打开视频号"发表新动态"。（图7-6）

4. 上传视频后，"扩展链接"模块出现复制链接的提示信息。（图7-7）

图 7-6　发表新动态　　　图 7-7　添加扩展链接

5. 复制链接，完成插入链接。添加描述文案，点击"发表"就完成了。(图 7-8)

图 7-8　添加描述文案

观看短视频的人，会在当前页面看到公众号的链接，点击链接就会进入对应的公众号文章页面，完成引流工作。

7.5 视频号的推荐逻辑

7.5.1 关于视频号平台推荐

1. 为什么需要推荐

视频号平台会利用推荐逻辑，帮助创作者触达更多合适的人群，同时也帮助浏览者获得更多感兴趣的内容。

2. 如何进行推荐

目前，视频号会结合某个动态的内容以及浏览者的喜好进行推荐。比如，平台会通过动态内容的相关信息，如文字描述、话题标签、显示位置等，进行识别和推荐。实际上，视频号的推荐逻辑正在持续调整和优化，把内容精准投放给用户，进而转化成交。

3. 各页面有何区别

各页面主要包括关注页、朋友推荐页、热门页和附近页。（图7-9）

图7-9 视频号各页面

关注页展示的是用户主动关注了的视频号内容。（图7-10）

图 7-10 关注页

朋友推荐页展示的是用户的微信好友点赞过的内容。

在热门页，平台会根据推荐逻辑，为用户呈现他们可能感兴趣的热门内容。

附近页会展示与浏览者距离较近的创作者所发布的内容，只有在发表时标记了位置的视频，才有可能出现在附近页里；推送内容同时也会参考用户的喜好。

4.上热门小技巧

通常，画面清晰、内容完整的原创内容会更受用户欢迎，也更容易出现在热门页中。如果希望动态出现在热门页面中，你可参考以下技巧（图7-11）：

第一，发表原创。避免搬运他人创作的内容，如你喜欢他人的创作，可通过点赞的方式推荐给更多好友观看。

第二，视频内容、封面尽量清晰。避免出现拉伸、黑边、卡顿等情况,不要过多使用马赛克、虚化效果;视频若配有字幕,应完整展示字幕,裁切时注意不要遮挡文字。

第三,内容完整,表述清晰。可以通过配音解说,让浏览者更好地理解你的创作。

第四,内容健康。避免发表低俗内容和有争议的内容。

图 7-11　上热门技巧

5. 获得关注的技巧

用户更愿意关注内容真诚的、能为他们带来良好体验的视频号。如果你希望获得更多的关注,你可参考以下技巧(图 7-12):

第一,定位清晰,营造个人风格,坚持原创。

第二,持续创作,让更多用户留意到你。

第三,积极和浏览者互动,提高浏览者的观看体验。

图 7-12　关注小技巧

6. 更多小技巧

你还可以参考以下技巧：

第一，发布动态时，添加适当的话题、标签。添加方法：在"添加描述"中选择"#"，即可添加话题或标签。

第二，发布动态时，标记位置，让更多附近的人看到。

第三，发布后，主动将视频号内容转发到朋友圈或者分享给微信好友，吸引更多好友观看和点赞。

7.5.2 抖音和快手推荐机制

短视频能不能上推荐位，决定着这个短视频流量的多少，也就是决定着有多少人看到，可以得到多少社交反馈，包括点赞、评论、转发和关注。所以能否上推荐位对创作短视频的用户来说非常重要。

抖音、快手在短视频内容分发机制上都采用了算法和人工结合的方式，主要以算法为主。一个共同的目标是实现向不同的用户推荐他感兴趣的内容，满足个性化需求。

但是两者算法的效果也是有明显差异的。抖音的推荐内容非常集中，表现在推荐的内容都是非常优质的内容，都已经是"爆款"了，这样越是优质内容得到的曝光越多，一般的内容则难以得到足够的曝光；而快手的推荐更为平等，几乎每个人都可以上热门，上推荐页并不是一件特别难的事，很多普普通通的内容都可以上推荐页。

一般情况下，抖音推荐的短视频都是点赞、评论、转发数非常高的优质短视频，而快手上推荐页的短视频的数据要差很多，虽然大多数有几百上千的点赞，但是也有点赞数非常少的短视频。

虽然两者都会根据用户喜好推荐内容，推荐算法也都会包括点赞、评论、播放次数等权重，但是抖音上推荐的真正是火爆的短视频,以此来保证内容质量,这样的好处是更好地满足内容消费者,而相对不利于一般内容的制作者。因为被推荐十分有难度,导致不能制作优质内容的用户难以得到更多的推广机会,不利于更多用户参与,但是对优质内容创作者却非常有利。

所以,有很多网红从快手迁移到了抖音上,因为抖音对他们来说更容易吸粉;而在快手上,由于被推荐的门槛低,用户创作的内容几乎都能平等地得到展现,更好地满足一般内容的创作者。

7.5.3 视频号的流量密码

关于视频号的推荐机制,互联网圈的相关人员众说纷纭。经过山峰团队10000多小时的一线实战运营总结,当前视频号的推荐机制更多是"社交推荐+算法推荐"的双轨推荐机制。

这句话是什么意思?的确值得大家好好思考下,这也是笔者认为微信视频号流量可能超过抖音、快手等的重要原因之一。

假设用户A观看了一个短视频并且点赞了,那么A的好友们,就可以通过视频号的"朋友"模块看到A点赞过的这个短视频,这是社交推荐。当这个点赞量达到一定数量后,就会触发平台系统的推荐,推荐的数据标准目前还没有公布,但视频号应该是与抖音、快手有着不同的标准。

系统推荐分为三个阶段:引擎、过滤、排序。(图7-13)

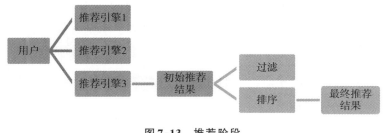

图7-13 推荐阶段

平台通过推荐引擎（推荐算法），推荐给用户喜欢的商品。

这里简单介绍一下两种推荐引擎的算法：基于用户的协同过滤算法和基于物品的协同过滤算法。（图7-14）

图7-14　推荐引擎的算法

什么是协同过滤？先以生活中的一个场景为例，你想听歌却不知道听什么的时候，会向你身边与你喜好相近的朋友求助，从而获得他的推荐。协同过滤就像与你喜好相近的朋友，通过对大量结构化数据进行计算，找出与你相似的其他用户或与你喜欢的物品相似的物品，从而实现物品推荐。

第一个是基于用户的协同过滤算法（推荐引擎）。就是你朋友喜欢的东西，你也有可能喜欢。作为视频号运营者一定要持续增加微信好友，不断扩大朋友圈范围及过滤低质量的微信好友。用户对一则视频点赞以后，他的朋友就会看到。对于点赞大家都比较谨慎，不想在朋友面前折损自己的形象，不会为质量不好的内容随意点赞，所以大家基本都是为有质量的视频点赞，这样就要求视频号运营者创作有质量的视频作品。

第二个是基于物品的协同过滤算法（推荐引擎）。我们都知道鸡爪与小龙虾的关系，假如你在大型超市买了小龙虾就很有可能买鸡爪。这个算法认为如果大多数人买了商品A，又买了商品B，那么A和B就是比较相似的。假如你买了A，系统就会给你推荐B。

再来分析下什么是过滤。比如在视频号，你刚刷到了某类图书的短视频，接下来是不需要再给你推荐这个视频的，还有比如在电商网站你买过一件东西，近期就没必要再推荐给你，这就是过滤。

最后分析下什么是排序。比如基于用户的协同过滤算法推荐了商品 A，你喜欢的概率是 0.8，基于物品协同过滤算法推荐了商品 B，你喜欢的概率也是 0.8。那应该把 A 优先推荐给你还是把 B 优先推荐给你呢？两套算法相互打架，这个时候我们请一个裁判再给两套算法做个裁判，谁取胜就优先推荐谁。这就是排序算法。

社交推荐和算法推荐也有可能是同时进行的，这个能量就非常大了。比如视频号中已经出现超过 1 亿播放量的超级爆款短视频。（图 7-15）

图 7-15　爆款短视频

最后，视频号只不过是用户去了解世界的一个渠道，也是娱乐生活的一部分，和读小说、玩游戏、看比赛、做运动并无其他区别。

还有人说，微信视频号是跟抖音、快手竞争所创造的一个功能，山峰觉得缺乏说服力。因为图文和视频都是人在表达自我，展示自己与信息的一种互动方式而已。之前腾讯张小龙也认为公众号存在两大失误：一是限制了内容创作者的范围；二是微信公众平台做成了文章内容的载体，限制了其他短内容的发展。

　　视频号算是弥补了内容形式上的不完整，用户不仅可以通过图文在封闭式的公众号里发声，还可以通过短视频和所有创作者站在同一标准下产出内容。

第8章
视频号运营的技巧

8.1 做好数据分析

视频号自上线以来,不少企业和个人都参与进来。视频号运营不同于其他平台,并没有很多成功的经验可以借鉴,很多人都是摸着石头过河。笔者基于自身的实战经验,结合数据进行分析,希望对读者有所帮助。

8.1.1 数据分析是什么

数据分析指用适当的统计、分析方法,对收集来的大量数据进行分析,将它们加以汇总和理解消化,以求最大化地发挥数据的作用。数据分析是为了提取有用信息和形成结论而对数据加以详细研究和概括总结的过程。

数据也称为观测值,是实验、测量、观察、调查等的结果。数据分析中所处理的数据分为定性数据和定量数据。只能归入某一类而不能用数值进行测度的数据称为定性数据。定性数据中表现为类别,但不区分顺序的,是定类数据,如性别、品牌等;定性数据中表现为类别,但区分顺序的,是定序数据,如学历、商品的质量等级等。

在互联网中,数据分析是以业务场景和业务目标为思考起点,以业务决策作为终点,按照业务场景和业务目标分解为若干影响因子和子项目,围绕子项目做基于数据的现状分析,知道改善现状的方法。

数据是产品和运营人员工作中重要的一部分,运营人员常说的一句话是"数据在手,天下我有",任何事情都要以数据来作支撑。作为视频号运营者,我们在做运营策略的同时,需要分析大量的用户数据，来观测用户行为和用户画像。同时我们应该要关心每个数据指标的增长，防止产品出现漏洞，影响到最终的数据指标。

8.1.2 为什么做数据分析

数据分析的目的是把隐藏在一大批看起来杂乱无章的数据中的信息集中和提炼出来，从而找出所研究对象的内在规律。在实际应用中，数据分析可帮助人们做出判断，以便采取适当行动。

数据分析是有组织有目的地收集数据、分析数据，使之成为信息的过程。这一过程是质量管理体系的支持过程。在产品的整个寿命周期，包括从市场调研到售后服务和最终处置的各个过程都需要适当运用数据分析过程，以提升有效性。

8.1.3 如何做数据分析

对一个运营者来说，数据分析的思路应该是先找到数据分析的目的，然后找准数据分析的维度，最终从数据分析中得出结论。

运营者要能在运营过程中发现问题，从数据中找到问题的根源，提出解决问题的方案，再根据数据进行优化。

具体而言，数据分析可分为六步走（图8-1）：

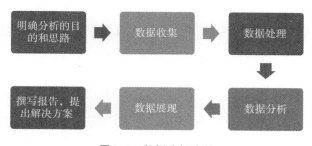

图8-1 数据分析流程

第一，明确分析的目的和思路。

运营靠目标驱动，带有很强的目的性，同样，在数据分析方面也遵循这个原则。对数据进行分析，最终的目的是什么？想要解决什么样的问题？

在这里可以采用5W2H的原则来逐步确认分析的目的和思路（图8-2）。

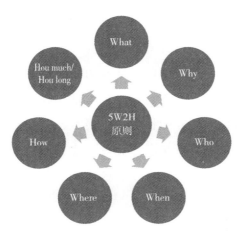

图8-2　5W2H的原则

What：我的业务是什么？业务流程是什么？业务的核心指标是什么？其他指标是什么？数据分析的目的是什么？最终想要解决的是什么样的问题？用什么样的数据分析方式？

Why：为什么会出现这样的数据？原因是什么？理论依据是什么？后期解决措施应该如何推进。

Who：分析的用户群体是哪些用户？他们有什么样的特征？出现这样的数据是否和用户群体的某种特性有关？

When：数据分析的日期是从什么时候到什么时候，中间采用了什么样的运营策略？

Where：是哪部分的数据？是否和位置有一定的关系？

How：如何去进行数据分析？用什么样的数据分析方法最有效？

How much/long：数据分析花费的时间和成本各是多少？用户

在上面花费的时间是多少？

从数据分析中，我们可以了解到单个渠道的获客效率，单个渠道的转化率等。

第二，数据收集。

收集运营数据，越详细越好，所以要求在前期进行数据统计的时候就需要有大局观，将后期可能会用到的数据尽可能多地收集起来，以方便后期进行数据分析。

对于新媒体来说，需要收集文章的标题、关键词、情绪点、阅读量、转发分享量、每日涨粉量、掉粉量等数据，每天或者每周进行一次统计，方便后期做数据分析。同时，也需要了解市场上同类产品的情况，了解竞品的情况才能更好地了解自己的实际情况。有对比才能知道自己处于行业中什么水平，未来还有多大的空间。

第三，数据处理。

对收集到的数据进行加工整理，从大量杂乱无章、难以理解的数据中，抽取并推导出对于解决问题有价值、有意义的数据。包括数据清洗、数据转化、数据提取以及数据计算等处理方法。

第四，数据分析。

运用适当的数据分析的方法和工具，对处理过的数据进行分析，提取有价值的信息，形成有效结论。

第五，数据展现。

对数据进行可视化展现，尽可能地多用图标、趋势图、饼图等形式进行说明和解释，能够直观地传达出数据分析的结果和观点。如果最终数据仅供自己参考，那么在展现数据时，能够清楚地了解到自己想要的数据，能够从数据中得到一定的启发即可；如果是需要供领导做决策和参考，则需要进行数据可视化，在数据图表中做进一步的分析和说明。

第六，撰写报告，提出解决方案。

如果是自己进行数据分析，则对数据进行分析处理后，发现数据变化的原因，并提出解决办法，进行优化后再投入使用。在多次测试中，找到解决问题的最优解。如果数据分析的结果要最终提供给领导作决策，为领导决策提供一定的数据和理论依据，则需要完整地表达出数据的最终结果是什么，是什么样的原因导致了这样的数据，以及针对这样的数据有什么样的解决办法。

数据分析的最终结果，是为解决某个问题提供数据基础，或者从数据中找到之前的优点和不足，为未来进一步加强或者改善提供帮助。靠感觉本身是极为不靠谱的，最终还是得从数据出发，找到解决办法。

8.1.4　山峰团队视频号实战数据分析

笔者认为每一个账号都是不同的，尤其是不同行业、不同类型的账号的数据更是千差万别。如果说可以参考，也只能参考同类型账号的数据，但别人的数据你一般是拿不到的。大家除了做内容之外，希望多关注一下自己的数据情况，多去分析数据背后的信息，数据能给我们很多指导。

以上是视频号数据分析的第一部分，接着我们交流一下数据分析的第二部分——用户画像。

用户画像其实就是用户信息的标签化。如性别、年龄、手机型号、网络型号、职业收入、兴趣偏好等等。用户画像分析的核心工作就是给用户打标签，通过制定的标签规则，给用户打上标签，然后通过标签快速读出其中的信息，最终进行标签的提取和聚合，形成用户画像。

用户画像的应用场景主要有两个：用户特征分析和用户分群。（图8-3）

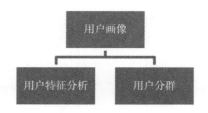

图 8-3 用户画像的应用场景

用户特征分析是对特定的用户群体进行持续深入的用户属性洞察,使得该用户群体的画像变得逐渐清晰,帮助企业了解他们是谁、行为特点是什么、偏好是什么、潜在需求和行为喜好是什么。洞察了这些特征以后,可以为用户群体做有针对性的分析。

用户分群是精细化运营的基础,已经广泛应用到各行各业的数据分析过程中。比如,定位营销目标群体,帮助企业实现精准营销;唤醒沉睡用户或者召回流失用户,帮助企业实现精准推送;帮助电商或者资讯类 APP 实现个性化内容推荐等。

笔者分析自己团队的某个视频号的用户画像:视频号用户构成以学生、白领和管理者为主;年龄 18 岁以下的占比 54%、26~35 岁的占比 25%、18~25 岁的占比 20%;男女比例 4:6;用户中来自江苏地区的占比 32%、浙江地区的占比 23%、湖北地区的占比 9%;访问设备为苹果手机的占比 54%、为安卓手机的占比 45%。(图 8-4)

那么问题来了,怎么得到这些用户画像分析的数据呢?其实很简单,这就是前面为什么笔者跟大家强调的,视频号一定要结合微信公众号来运营。因为你的用户关注了你的公众号以后,积累到一定数量,你就可以清晰地看到你的用户画像了。

大家慢慢引导用户去关注自己的公众号之后,只需要通过公众号后台的数据分析去看,就能知道用户画像的情况。公众号后台的数据都很清晰,而且分析数据也都很完整很全面。

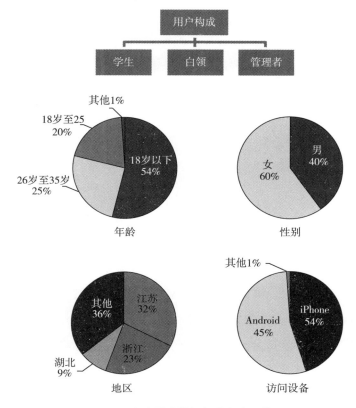

图8-4 山峰团队某视频号用户画像

作为视频号运营者,要多思考数据背后的意义。不要只盯着数据,播放量今天多了、明天少了,是不是平台不推荐了,是不是哪里有问题了。问题肯定是有的,但是你得学会找出问题。那么,数据分析就是找到问题的最佳解决办法。

8.2 多做本地化的内容

视频号的本地化运营也非常重要。例如,在某短视频平台,每个1000万人口的城市中一天有100万人去刷短视频。按照微信的用户规模来推测,视频号将会有更大的发展空间。你发布的短视频,会优先推荐给有定位的人看，然后平台根据标签进行推荐，这是一个本地化的人口红利，建议大家多做本地化的内容，这样便于视频号后期实现商业变现。

谈到本地化，笔者需要介绍下"抖店"。抖店是抖音为本地门店类客户最新推出的区域化营销工具，旨在通过本地POI（指信息点，一个POI可以是一栋房子、一个商铺、一个公交站等）、本地加热以及本地资源位展示等功能，助力品牌打造区域化最具创新性的商业活动。

对于抖音的抖店产品，门店通过认领当地POI，可对专属页面进行编辑、装饰。用户在上传抖音的时候，可以选择相应的POI。门店可结合后续的发卡券等活动盘活线上流量，而门店及周边门店的"二维码贴纸"，则可以让用户通过拍视频、领返券，帮助形成闭环和聚合视频。在这个过程当中，商家可以通过组件实现"本地流量加热"，获得流量倾斜，实现方式为热门推荐曝光、同城或同行业banner推荐等。

在抖店POI兴趣点的入口，当用户浏览相关视频时，能够一键进入品牌的专属POI页面，了解到包含名称、定位、商品等在内的更多信息。这一功能的加入不仅能汇集线上用户产生的流量，更旨在将线上流量带到线下，实现品牌方在线下门店的消费转化。

笔者预测视频号也会做区域化营销，所以大家要提前布局，多做本地化内容，为后期商业变现做准备。

8.3　做好复盘和效果评估

复盘这个概念最早来源于棋界，是围棋中的一种学习方法，指的是在下完一盘棋之后，要重新摆一遍棋，看看哪里下得好，哪里下得不好，对下得好和不好的，都要进行分析和推演。

8.3.1 复盘什么

复盘是我们应对人生的本能,是刻意练习的内核,是认清问题、提升自己的有效方法。换句话说,所谓复盘就是我们在头脑中对过去所做的事情重新过一遍,通过对过去的思维和行为进行回顾、反思和探究,找到原因、找到规律,从而指导我们解决问题,帮助我们提升能力。

8.3.2 为什么做复盘

复盘和效果评估到底有哪些好处?

1. 找到问题所在

合理的复盘总结可以发现自身实践过程中的一些问题。我们只有将这些问题,一个一个找出来,然后有针对性地去解决、去优化,才能避免我们重复犯错,以后才能做得更好。

2. 熟练知识技能

总结复盘的过程,实际上就是对每一个具体的环节进行"复习"的过程,本身就是一次实战演练。复盘的次数越多、越深刻,你就会对这个知识或者技能掌握得越熟练,久而久之,成为你真正的能力。

3. 深化知识体系

总结复盘,本身就是对过去做的事进行整体的梳理和思考。通常,我们在做某件事的时候,知识点是比较分散的,一个一个的,或者说你对这件事在整体上的把握还不够。在经过你深度思考和复盘之后,你就能把所有的点串起来,形成自己熟悉的一套思维体系。

对于视频号运营者来说,复盘是一项必须学会的技能,是个人成长中很重要的技能,我们要善于通过复盘来将经验化转为能力。那怎么进行复盘呢?

8.3.3 如何做复盘

如何做复盘?复盘流程如下。(图8-5)

图8-5 复盘流程

1.回顾目标,审视计划

正常情况下,我们在开始做事的时候都会定下相应的目标,当事情快做完的时候,我们就会回顾一下我们当初定下的目标。

如果目标没有实现,在这一步中,你可以思考一下几个问题:第一,结果有没有偏离预定的目标?第二,执行计划是不是跟当初想的一样?第三,是否有明显需要修改的问题?第四,有没有哪些意外的因素出现?

回顾目标的作用就是检查一下有没有按照既定的计划前进。假如说视频号运营者的目标是3天发布10个短视频，结果第三天下午的时候才发布了5个短视频，这就说明偏离了预定的目标，这是一个可以复盘的地方。

2. 评估结果，对比目标

通常来讲，目标是你想做的事，而结果是你真实做了的事。评估结果就是将这两者做一个对比，看看结果跟目标有哪些出入和差别，这些差别就是我们需要分析的点。将结果和目标进行比较，一般会出现以下5种情况：第一，结果和目标完全一致；第二，结果比目标更好；第三，结果未达到预期目标；第四，结果中出现其他意外情况；第五，虽然结果完成，但是跟原定的计划有出入。这些结果基本涵盖了目标与结果对比的所有情况，每一种情况的产生都应该有相应的影响因素。

3. 根据差距，分析原因

当你找到了结果与目标之间的差距以后，就要根据这个差距来分析产生差距的原因。分析原因就应该去探寻问题的本质，而不是浮于表面，否则这样复盘得出的结论是没有价值的。原因主要分为主观原因和客观原因。

还是刚才那个例子，计划是3天发布10个短视频，结果3天快结束了，你却只发布了5个短视频。在主观原因方面，是不是自己太懒了、效率太低了？还是自己没有这个能力？在客观原因方面，是不是突然停电、突然停网？当你明确原因以后，你就需要考虑优化和改善。

4. 总结经验，优化手法

最后一步就是总结经验，优化手法。前三步，我们已经知道是什么原因导致了结果与目标之间的差距，最后就是把导致差距出现的各种因素归纳起来，形成一个对事情起决定性作用的"规律"。

例如，10个短视频，你最后只完成了5个，暴露出了很多问题，但是根本原因还是自己太懒了，那这就是一个规律，就是说下次你只要不再懒惰，你就能正常地完成计划，甚至是超额完成。

8.4 打造IP思维

在互联网圈有句话："先用户，后IP。"所以，在探讨IP之前，我们先来分析用户思维。

8.4.1 用户思维

最早提出互联网思维的是百度公司创始人李彦宏。在百度的一个大型活动上，李彦宏与传统产业的老板、企业家探讨发展问题时，李彦宏首次提到"互联网思维"这个词。他说：我们这些企业家们今后要有互联网思维，可能你做的事情不是互联网，但你的思维方式要逐渐从互联网的角度去想问题。现在几年过去了，这种观念已经逐步被越来越多的企业家，甚至企业以外的人所认可了。

用户思维是互联网思维的核心，其关注的不再是"物"，而是"人"，即思维不再是聚焦在产品层面或市场层面，而是用户本身。用户思维就是用心去满足用户整体需求的一种思维模式，这种思维模式的核心是要在产品、服务和思想等各个层面满足用户的个性化需求。让用户开心快乐，让用户知识有增长、思想有提高、精神有升华，这才是用户思维的真谛。

8.4.2 IP思维

在互联网上,每一个账号都像一个小小的媒体,在论坛上发帖子、转发微博、评论新闻、发布短视频……无数的信息、观点、态度便汇入了互联网这个浩瀚之海。每一个人,都作为一个小小的个体,通过互联网这个特殊的平台,向全世界各地传递着信息。

IP是Intellectual Property的缩写,字面翻译为"知识产权",它特指具有长期生命力和商业价值的跨媒介内容运营。笔者认为IP表现形式是意见领袖或网红,意见领袖一般具有人格魅力,具有较高的社会地位。在社交场合比较活跃,与受其影响者同处一个组织并有共同爱好,在特定领域比较权威并乐于接受和传播相关信息。

企业针对不同的客户群,选择合适的意见领袖和平台进行宣传,所达到的效果是比较好的。意见领袖会自己生产优质内容,但一般情况下并不是可持续性的产出。这种情况下,就需要团队来协助产出既符合产品特质又有传播价值的内容。

IP到底有哪些?笔者理解,IP可以分为:文字时代的IP、图文时代的IP和新媒体时代的IP。(图8-6)

图8-6 IP分类

1. 文字时代的IP

在现实或者网络生活中因为某个事件或者某个行为而被粉丝关注进而走红的人,我们称之为"网红"。从1998年到2004年,BBS论坛的流行带来了大批的网络写手,他们在论坛上进行各类文学创作,这一时代的"网红"将舞文弄墨作为他们展示才华的利器,他们对传统的文学创作理念发起了一次强有力的冲击,如安妮宝贝和痞子蔡等。从某种意义上来说,以网络文学写手为代表的第一代"网红",推动了"网红"的不断成长与发展。

2. 图文时代的IP

这一阶段的"网红"大多数以图取胜,晒美图并配上搞笑的文字,靠不同于正常人的奇特造型博出位,有的为了成名即使自己被网友骂得再惨也在所不惜。这个时期也是网络流行语开始盛行的时期,网络上充斥着大量的自娱自乐的段子。这一时期的"网红"带有一些贬义的意味在里面,粉丝出于好奇心,对其进行关注并展开讨论。

3. 新媒体时代的IP

微博、微信、短视频还有视频号等新媒体渠道的出现,促成了新媒体时代"网红"的产生。移动社交进入富媒体时代,现在的"网红"除了利用传统的文字和图片与粉丝进行交流互动,还可以在社交软件中上传视频分享自己的日常生活或者通过视频直播的方式与粉丝进行互动。

8.4.3 罗振宇如何打造IP

罗辑思维由罗振宇创办,目前是中国影响力较大的互联网知识社群之一,产品包括微信公众订阅号、知识类脱口秀视频及音频、会员体系、微商城、百度贴吧、微信群等,主要服务于有强烈的"爱、智、求、真"需求的群体。

作为知识付费产业第一人,罗振宇在创立罗辑思维的那一天,也许根本没有想过自己离亿万财富如此之近。2012年底,罗振宇创办个人知识脱口秀节目《罗辑思维》,那年他39岁。2020年9月25日,罗辑思维母公司——北京思维造物信息科技股份有限公司预披露A股IPO招股说明书。如果顺利,罗振宇的公司上市进程将会加快。这一年,罗振宇47岁,罗振宇将成为超级IP。

凯文·凯利有个"1000个铁杆粉丝"理论:创作者,如艺术家、音乐家、摄影师、工匠、演员、动画师、设计师、视频制作者、作者等,传递正能量和正确价值观的,只需拥有1000名铁杆粉丝便能糊口。在这里,铁杆粉丝是指无论创作者创作出什么作品,都愿意付费购买的人。他们愿意驱车30公里来听讲座,愿意在社交网络上关注创作者发的每一条消息,迫不及待地等着创作者的下一部作品……

先寻找你的10个、100个、1000个铁杆粉丝,他们可以帮你不断地改进产品,做口碑宣传。如何打造这1000个铁杆粉丝?必须先要有首批铁杆粉丝,创作者积极地做一些事情,经常与粉丝互动。

别人之所以成为你的铁杆粉丝,是因为你不仅可以给他们带来产品使用价值、知识技能价值、生活品质价值、精神愉悦价值,你还是他们的意见领袖,你的微博、微信、QQ空间的每一个动态都牵动着他们的喜怒哀乐,他们甚至会对你爱屋及乌。如果你不懂铁杆粉丝,或者你没做过铁杆粉丝,没有亲身体会过他们的心态,那你的判断是不准确的、不客观的。

对"玩"社群最简单的理解是:意见领袖首先要有特点、有才华、很另类、有一个梦想,他的梦想可以造福社会或者满足特定人群的需求,一个人的梦想变成了很多人的梦想——罗振宇做到了这点。

《罗辑思维》是一场互联网社群试验,罗振宇把自己视为"手艺人",为大家读书,做大家的书童,集结一群勇于创新的小伙伴,一起用全新的思维方式重新发现世界。他在谈到自媒体时分享了以下几个观点。(图8-7)

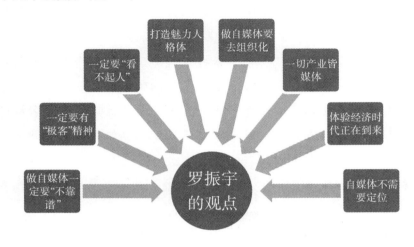

图8-7 罗振宇的观点

1. 做自媒体一定要"不靠谱"

在自媒体上,千万不能太端庄,要有一点"邪恶"。端庄就是"端着装",自媒体不怕被骂,就怕被嫌弃,无趣的人最终会被淘汰。目前很多企业微博就犯了"靠谱"的错。

2. 一定要有"极客"精神

罗振宇举例说,罗辑思维的语音他每次都会录60秒,他一次一次地尝试,最多的时候要录几十次。而之所以让录音时长准确到60秒,完全是他自己的一种处女座式的"强迫症"。

3. 一定要"看不起人"

做自媒体一定要"自恋","自恋"才能有"自我"。按照罗振宇的说法，他就是这么"自恋"。他经常在视频和语音中提到"如果你不想听我说话，那就不要听"。

4. 打造魅力人格体

魅力，是互联网世界中的稀缺物资。打造自媒体，就是要打造自己的"魅力人格体"。上述三点基本上概括了魅力人格体的三要素——"不靠谱"、真牛、"自恋"。

5. 做自媒体要去组织化

小米为什么那么成功，是因为它重构了组织。小米公司的内部层级只有两级：创始人级别和员工级别。这样强大的组织力，传统企业如何能战胜？

6. 一切产业皆媒体

苹果本质上是一家媒体公司。它整合了全球最好的制造业企业和开发者，自己要做的事情只是发布产品。据罗振宇透露，罗辑思维现在也在办一件大事儿，即通过会员组织建立一个创业集群，类似一个"交易所"。会员可以发起项目，通过罗辑思维这个平台融资、招揽人才。

7. 体验经济时代正在到来

摆脱匮乏将是整个世界的趋势。未来冷冰冰的工业品将变得越来越没有稀缺性。有稀缺性的是能够打造出体验场景的产品，被魅力人格体"开过光"的产品。譬如罗永浩的锤子手机，连产品都还没出来,罗永浩就在微博上试预定,引来无数人捧场。

8.自媒体不需要定位

自媒体的魅力就在于不确定性。罗辑思维从来没有定位,用户不知道明天会有什么样的内容。相比而言,目前那些将自己限制在特定领域的自媒体,混得可能都不会很好。

8.5 注意视频号运营的误区

视频号运营的工作比较复杂,运营者不仅要懂内容,还要懂得渠道,能进行互动。但是内容团队往往没有足够的资金配备完善的运营团队,所以导致了运营者工作中会涉及很多方面的内容,一不小心就会陷入工作误区,抓不住工作重点。下面,笔者就给大家介绍一下常见的视频号运营误区。(图8-8)

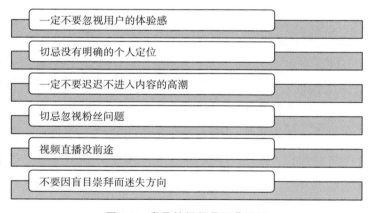

图8-8 常见的视频号运营误区

8.5.1 一定不要忽视用户的体验感

笔者曾经在做"视频号+社群裂变"活动时遇到这样一个问题:

活动极具诱惑力，裂变海报的设计也十分精致，甚至还提前半个月进行造势，但活动效果很不理想。

复盘总结时，笔者与多个陌生用户交流后才发现问题所在：原来他们根本不相信活动的真实性。整个活动中我们一直在强调参与门槛有多低，获得的收益有多大，但没有足够重视用户的体验感。

作为运营者，我们从活动策划、执行、维护都是全程参与，对活动情况了如指掌。

不过，换到观众角度，他们能看到的只有朋友圈的一张海报，仅此而已，而他们需要先体验才行。有了体验才有互动，有了互动才有信任，有了信任才有成交！

8.5.2 切忌没有明确的个人定位

视频号运营者必须有定位。说到定位，很多人不知道自己能干什么，更谈不上什么定位。关于定位，笔者建议大家宁做鸡头，不做凤尾，你要做细分品类、细分领域的专家。那你可能会问：一个普通人如何从0到1找到自己的个人定位呢？笔者帮助大家找到自我定位，先问大家几个问题：

① 你是谁？
② 你能够做什么？
③ 你的技能可以解决什么问题，可以帮助哪些人？
④ 你会做哪些具体的事情？
⑤ 你有什么产品？你有什么资源？

如果这5个问题你都能回答上来，那么说明你对自我定位有比较清晰的认识。但是，有些人最大的问题是自己并没有一技之长或者不知道自己有什么一技之长，这就麻烦了。

个人定位的方法是不管你从事什么行业，不管做什么工作，你首先要静下心来，把自己好好打磨一下。只有选择一个细分的领域，你才能找到自己的一技之长，才能慢慢地吸引超过 100 个人、1000 个人，甚至 10000 个人去认可你，你才能算是一个专业人士。这个过程会很漫长。如果你没有拿得出手的技能，那么你凭什么可以做好视频号呢？

8.5.3　一定不要迟迟不进入内容的高潮

用户的时间往往是有限的，短视频的时长虽短，但是如果迟迟不能进入内容高潮，同样会使得用户难以产生继续看下去的欲望。再好的内容如果不能被看到，也同样是毫无意义。为了避免这种情况的发生，视频号运营者应该通过一些技巧，使得短视频在开头就能快速进入高潮，吸引用户的目光。

视频号运营者应该在开头就介绍视频的目的，或者制造一个小高潮，以快速引起用户的兴趣。为了保证用户能够持续地看下去，还可以在开头设置一个悬念，并且在之后通过语言等行为不断地加深此悬念，致使用户产生好奇心，从而始终保持观看的欲望。

8.5.4　切忌忽视粉丝问题

粉丝提出问题，运营者予以解决，这种解决粉丝问题的行为，很容易引起转发。当问题和答案被转发以后，可以吸引更多的关注，这就相当于分享式推广。用户对视频号进行评价，说明用户在关注视频号。同时，一些好的评价可以作为用户的使用见证，增加其他还未关注视频号的用户的信任度。（图 8-9）

人人都希望得到别人的重视。在视频号互动中要及时回复粉丝的评论，一方面能够及时解答粉丝的疑问，另一方面也能够让粉丝感受到自己被重视，这样对于提升粉丝的信任度非常有帮助。

图8-9 山峰团队视频号回复粉丝问题

当粉丝提出一些与产品有关的问题时，如果我们帮助解决，那么他就会对我们产生好感，这样就提升了信任度。当粉丝在购买产品之前，我们给予专业的建议，让他更理性地选择产品，同时我们也有这样的产品，那么他就会倾向于购买我们的产品。如果粉丝购买我们产品之后出现了自己不懂的问题，我们帮他解决，则又会提升粉丝对售后服务的满意度。

8.5.5 视频号直播没前途

视频号直播的人越来越多。很多人直播，长期只有数百人甚至几十人的场观，最高的在线人数甚至是个位数。所以，很多人在尝试一段时间后就放弃了。

其实，视频号直播的分发机制，在微信公开课上官方已经说得很清楚。前期，需要主播凭借自己的社交去推广，然后官方会给你分配你推广带来的1∶1的流量。

所以，现阶段，如果自己不推广，想单纯靠平台分发，成功机会很小。但是如果你已经有一定的微信用户基础，比如说私域用户或者公众号用户，那么做视频号直播会比抖音直播效果更好。加之，视频号天然是私域的一环，所以转化和黏性都会很好。

很多人做直播就是做一场播一场，流量少了就认为是被"限流"了，很少会先从自身找原因。其实你跟月销千万的直播间差距就在于有没有做好每一场复盘。直播间的火爆或许有一时的运气，但不断复盘、调整、优化，摸索出适合自己的模式、经验，才是保持稳定增长的长久之计。哪怕是头部主播，在每场直播结束后都会立马进行复盘，从直播的每个环节、数据进行分析，查漏补缺，有则改之，直播的效果和效率才会不断提升。

8.5.6 不要因盲目崇拜而迷失方向

视频号很多，成功的视频号也很多，但默默无闻的视频号更多。在视频号运营过程中，很多运营者一旦看到自己视频号的粉丝寥寥无几，就容易失去耐心，看到别的视频号平台做得好，就去模仿，模仿的视频号多了，竟忘记了自己开设视频号的初衷，最终以失败告终。视频号运营者一定要记住一句话：任何成功都具有唯一性，我们只能去学习成功的经验，一味地模仿往往难以成功。

很多视频号运营者在创作内容的时候，总是担心自己发布的内容条数少，为了增加数量，直接做一些没有质量的内容，这样做只能造成视频号没有深度，内容无价值也没有说服力。内容不在于多而在于精，只要你认真地去做，确保每个内容做到不枯燥，坚持做精品和原创作品，哪怕一天只发一条内容，效果也会显而易见。

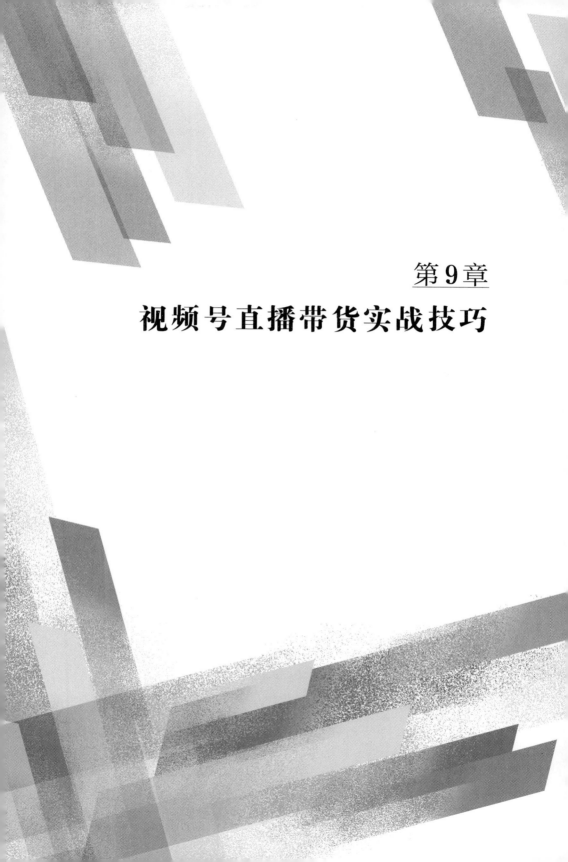

第9章
视频号直播带货实战技巧

视频号作为微信力推的一个功能，吸引了不少企业和个人。在视频号上线直播功能的两个月后，一场"陪你去看双子座流星雨"的直播成为第一个破圈的爆款视频号直播案例，当晚累计在线人数超过百万。笔者围绕视频号直播带货实战技巧进行了分析，希望对大家有帮助。

9.1 视频号店铺如何做直播？

1. 怎么开通直播功能

成功开通的小商店（企业/个体店）自带直播能力，商家只需同时满足已开张且商品库中有成功发布的商品，后台的直播页面将会自动开通直播功能，商家点击"管理直播"跳转到直播管理后台，即可创建直播间、指定主播、设定直播开播时间。

笔者建议商家在直播间选货之前，先在小商店上传设置好商品，直播间选品时会自动同步推送小商店已经上传并且发布成功的商品，提高直播的效率。

2. 怎么让用户看到商家直播

商家可直接以直播间小程序码的形式进行分享，也可以把商家的小商店主动分享给用户。凡是设定了直播的商家，小商店主页都会看到直播入口，用户点击即可进入直播间观看，也可以订阅直播。

在直播将开始时，直播间会自动给已预约直播的用户发消息提醒，为商户提供定时召回用户的功能。直播间还会完整展示主播推荐的商品、讲解和抽奖入口，并设有直播浮窗的功能，保证用户边看边买的流畅体验。

3. 店铺直播与视频号直播的区别

（1）店铺直播是小商店自带的微信小程序直播，可帮助商家在自有小程序（小商店）中实现直播互动与商品销售闭环，提高转化率。店铺直播优势为门槛低、运营快、一键分享、一键订阅。

（2）视频号直播作为视频号的重要能力之一，现已与微信小商店打通，商家或导购可以在直播时添加在架商品，进行引流、带货。视频号的优势在于可以快速突破熟人圈，拓展更广阔的私域流量。

9.2　直播出现安全交易警告提示怎么办

若在直播的过程中出现以下提示，通常是因为在选择购物类直播的时候没有上架商品导致的。（图9-1）

图 9-1　安全交易警告

我们可以按照以下方式解决：

1. 若直播非购物类内容，可更换其他开播分类重新开播。
2. 若直播为购物类内容，可添加商品重新开播。

9.3 直播团队人员如何分工

一场好的直播不是主播一个人就能完成的，随着直播带货越来越火爆，更多拼的是团队和供应链，所以一个完整、高效的直播团队尤其重要，笔者介绍下直播团队每个人员不同的岗位职责。（表9-1）

表9-1 岗位职责表

岗位	工作职责	达人直播	店铺直播
主播	直播、互动、导购、策划	必选	必选
助理	协助直播、策划、预告、副播	必选	必选
场控	配合互动、产品上架、直播间调试和管理三大后台	必选	
策划	产品内容、促销策划、内容制作与分发和直播脚本	必选	
BD	产品整体招商、佣金管理、对接店铺、产品信息整理	必选	
数据	数据收集、数据分析、优化建议	必选	必选

9.4 直播带货的销量翻番技巧

直播带货本质上可以看作是电视购物的升级版本。电视购物和直播带货，它们的本质逻辑是一样的，都是尽全力地与用户沟通，在特定的环境中展示产品的卖点，以达到成交。

直播带货能与粉丝实现实时互动，当粉丝有问题可以直接在直播间留言，主播能够与粉丝实现隔屏互动，在线帮助他们答疑解惑，这一点还原了线下消费的场景，大大提高了购物体验。直播带货能够迅速拉近粉丝与主播之间的距离，带动直播间的气氛。

接下来笔者和大家聊一聊，能让销量翻倍的直播带货到底有哪些技巧。

1. 主播人设定位要精准

很多主播都是草根出生，主播要树立"好友推荐"人设，这样能够迅速拉近主播与粉丝之间的距离，帮助主播成功圈粉。

2. 给人占便宜的感觉

互联网圈有句名言：顾客要的不是便宜货，也不是爱占便宜，而是喜欢占便宜的感觉。

主播卖货并非光靠低价，更多的是通过优惠券、赠品、限量和限价去调动粉丝对产品的好奇心和兴趣，带给粉丝占便宜的感觉。

3. 保持高频的更新

互联网营销一定要有连续性，效果才明显。李佳琦在接受记者采访时说，一年365天，自己直播了389场，这样高强度的直播是为了培养粉丝观看直播的习惯，保持忠诚度。（图9-2）

直播带货想要销量翻番，需要按照直播步骤进行推进。

第一步，聚人。通过渲染产品和品牌的产地、工艺、背景等引发好奇，吸引观看。

第二步，留客。通过神秘大礼，现场抽奖等留住观众不转台（直播间）。

第三步，锁客。通过大量模拟产品使用场景，激发观众需求。

第四步，举证。通过专家证言、权威认证、产品试验等证明产品能满足观众需求。

第五步，说服。通过竞品分析、产品对比等打消观众疑虑，帮观众做选择。

第六步，催单。通过礼品赠送、折扣礼金、增值服务等引诱观众下单。

第七步，逼单。通过高频的原价与现价对比、活动期限、名额紧张等反复提醒观众下单。

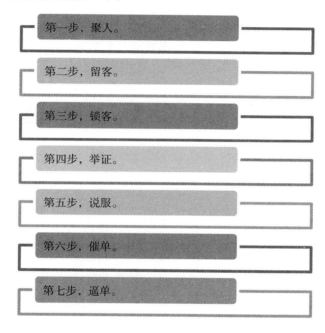

图 9-2　直播带货的步骤

9.5　直播间如何聊天不"尬"

1. 欢迎话术

主播开播时，陆陆续续有人进入直播间，主播可以使用这些话术：

（1）欢迎朋友们来到我的直播间，主播是新人，希望朋友们多多支持，多多捧场！

（2）欢迎XX（名字）进入直播间，点关注，不迷路，一言不合就刷礼物！

（3）欢迎各位帅哥美女们来到我的直播间，进来直播间的是美女，还是帅哥呢？刷刷评论让我看到你哦！

主播多使用语气词，例如"哦""啦""呀"等，多使用语气词更能让观众有亲切感。如果你的人设是比较严肃的，那就不要用这些语气词。

视频号直播运营者使用这些话术的目的就是让观众知道他进入了你的直播间，你在关注他，让他有被重视的感觉，这样他才能留下来看你的直播。

2. 关注话术

当观众进入主播的直播间，如何让观众关注直播间呢？主播可以使用这些话术：

（1）感谢XX的关注，还没关注的抓紧点关注哟，主播每天给大家带来不同惊喜噢！

（2）关注一下主播，主播每天XX点分享XX，喜欢主播的可以帮忙分享一下哦！

观众关注你的直播间，肯定是你的直播间里有吸引他的内容，因此，主播在关注话术中要强调能够提供给粉丝的价值有哪些。

3. 感谢话术

直播即将结束，主播可以使用一些感谢话术来给观众反馈。感谢话术要真诚，可以这样说：

（1）感谢朋友们今天的陪伴，感谢所有进入直播间的朋友们，谢谢你们的关注、点赞哦，今天很开心！

（2）最后给大家播放一首好听的歌，播完就下播了。感谢大家，希望大家睡个好觉，做个好梦，明天新的一天好好工作，晚上X点再聚。

4. 问答话术

直播间粉丝经常会有各种各样的问题，例如，"主播多高，多重？""这件外套主播能不能试穿一下，是什么效果？""这条裤子小个子能穿吗？"等。如果粉丝问到产品相关问题，说明他们对产品产生了兴趣，主播一定要耐心解答。

比如主播可以回答："主播身高165，体重95斤，穿S码，小姐姐们可以对比一下自己的身高体重选尺码哦！或者直接告诉粉丝各类身高体重适合的尺码。"

如果有粉丝说"怎么不理我？都不回答我的问题？"这种情况下主播一定要及时安抚，可以说"没有不理哦，弹幕太多、刷得太快，你可以多刷几遍，我看到了一定会回复的"。

问答话术的关键还是：耐心！我们有时候要反复回答相同的问题，因此主播一定要保持耐心。

5. 追单话术

很多观众在直播间下单会犹豫，主播就需要使用追单话术来刺激用户下单。主播可以这样说：

线上抢购的人数多，以收到款项的时间为主，大家看中了抓紧时间下单哈！

这款数量有限，如果看中了一定要及时下单，不然等会就抢不到啦！

这次货品折扣仅限本次活动时间，错过了，我们就不会再给这个价格啦！抓紧时间哦！

我们这款产品只有10分钟的秒杀优惠，喜欢的朋友们赶紧下单哈！

还有最后三分钟哦，没有购买到的亲赶紧下单哦！

9.6 直播间促销策略有哪些

直播间促销活动的多样化是日常运营的重要部分。那么，为什么大家如此热衷于在直播间做促销活动？

1. 促销的作用

拉新：促销活动可以带来新用户，尤其是用户较少的新平台，可以通过这种方式来吸引用户。

去库存：通过活动可以清理库存，降低库存占用成本。

扩大品牌知名度：结合广告做促销能够扩大品牌知名度。

推新品和爆品：很多商家大力做活动来推新品或者爆品，增加平台流量，同时也能给其他商品带来曝光的机会。

2. 促销的类型

促销有多种类型，目前电商系统支持的促销形式，笔者总结了一下，主要有7种：满减促销、单品促销、套装促销、赠品促销、满赠促销、多买优惠促销、定金促销。这7种促销形式几乎囊括了各电商平台所有的促销方案。（图9-3）

满减促销：购物者只要购买相应商品达到一定金额即可得到一定的减价优惠。主要有两种形式：阶梯满减、每满减。阶梯满减，例如：满100减10、满300减50、满500减80。每满减，例如：设置每满200减20，则订单金额230元实付210元，订单金额430元实付390元。

单品促销：在特定时间内购买指定商品享受一定的价格优惠。

例如：促销期间商品6折，原价100元，则购买实际金额为60元。

套装促销：商品组合套装以优惠价出售。例如：A商品50元，B商品80元，"A+B"商品套装促销价100元。

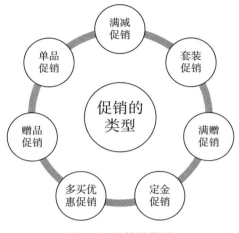

图9-3 促销的类型

赠品促销：购买主商品之后赠送商品。

满赠促销：满X元送X商品、满X元加价X元送X商品。这种方式与赠品促销的区别在于以相应商品订单的价格来区分，可分阶设置，例如满300元送自拍杆，满500元送充电宝，满1000元送高端耳机等。

多买优惠促销：有X元任选X件、X件X折两种优惠形式。这个主要是参考一些线下卖场发展的促销形式。

定金促销：在商品正式售卖之前采用预付定金的促销模式，提前交定金可享受优惠价。定金预售有多种玩法：定金预购，相当于支付定金就已经确认订单；定金杠杆，例如定金10元可抵扣30元。

3. 促销活动的流程

促销活动的创建分为三个步骤：第一步，设置活动基本信息，比如活动的标题、活动的时间；第二步，设置活动的规则，比如是

满赠促销还是单品促销，规则是什么；第三步，设置活动商品，也即参与活动的商品是什么。（图9-4）

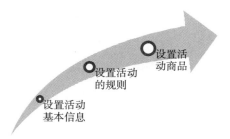

图9-4　促销活动的流程

（1）设置活动的基本信息

活动标题：设置活动的标题，可以设置多个标题，不同标题的作用不同，根据需求看需要几个标题，每个标题展示在哪里。

活动时间：设置活动的时间，只有在时间范围内活动才生效，如果活动时间未到但是活动已经开启了，需要进行倒计时提升。

推广渠道：一般会有很多渠道可以进行推广，如H5、公众号、微信小程序、支付宝小程序、APP、PC端商城，要选择活动在哪里投放。

限购数量：商品之所以进行限购主要是考虑到库存的原因，每项都是默认不限购。

是否与优惠券叠加使用：一般来说促销活动是不与优惠券叠加使用的。

（2）设置活动的规则

选择活动类型：满减、单品、套装、赠品、加价、多买、定金。不同活动的规则肯定是不同的，需设置促销活动的规则。

（3）设置活动商品

设置促销规则完成后就要选择活动商品了，不同的活动选择商品的规则不一样。

以上就是促销活动的创建方式与流程。任何促销活动都可以参考这样的流程来设置。

在各种促销推广方式中，视频号直播运营者应结合自己的实际情况选择适合自己的方式，最后达到品牌曝光和销售产品的目的。

9.7　直播间如何讲好故事

作为视频号直播运营者，你要明白真正的销售高手，都是讲故事的好手。

对于主播来说，说服是一件很重要的事情，想卖出产品，就要说服用户。如果你能讲出一个好故事，让故事跟产品结合起来，就会给用户留下很深刻的印象，为你说服客户作好铺垫。

所以，学会讲故事，能够让销售变得很简单。这是销售的秘诀，同时也是销售高手的天赋，他们每个人都是讲故事的大师。

故事销售的好处是什么呢？它可以吸引用户的注意力，故事本身还可以引导出客户的心理需求，这是吸引法则，起源于心理学，百试不爽。只要你想，你就可以为你的故事讲出最具有煽动性的购买故事，让他感同身受，视你的产品为灵丹妙药，而且马上为它付费，拿着它去追寻属于他自己的完美故事。

讲故事就是为用户设计一个产品的应用情景，让他们看到美好的使用效果，但是，如何讲故事才能讲得引人入胜、妙不可言呢？销售故事，有没有学之即会、用之即灵的诀窍呢？

学会讲故事，笔者根据自身的实战总结了如下三点诀窍（图9-5）：

第一，量身定制。

根据用户的身份、地位、收入、年龄、性别、购买目的，以及产品的不同，结合当时的场合和气氛，选择合适的故事进行产品销售。这很重要，如果你讲了一个客户不感兴趣甚至很反感的故事，那么就会弄巧成拙，甚至会让用户产生厌烦感。

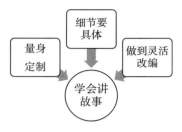

图 9-5　学会讲故事

第二，细节要具体。

故事要有具体的细节，让用户可以用心感受到，从而可以在脑海中模仿，而且在未来的产品应用中进行套用。使用户能产生共鸣的细节，这是故事打动人的基本因素。你的故事听上去越真实、越特定化、越有现实感，用户就越能够理解和认同，但是也不能太过于详细，比如最好不要涉及具体的城市和地点，让大家都有想象的空间。

第三，做到灵活改编。

同一个故事，对不同的用户讲出来，就要根据需要做出适当的改变。侧重点可能不同，故事长短也可能不同，这需要你有随时改编的能力。你可以通过增加细节或改变主人公的身份、故事的情节等重要因素来改编故事，让故事适合眼前的用户。

故事里的元素，要有轻有重，突出你要表达的信息。故事当然要有趣，但千万不要让有趣盖过产品信息。这是一个尺度的问题，有趣的故事要为产品服务，否则故事就会对销售毫无价值，你只是讲了一个让客户聚精会神的故事而已。

永远别忘了讲故事的目的，让故事与销售保持一致，这是不能忽视的原则。否则，你的故事就白讲了，换句话讲，你可以让故事吸引用户的注意力，但千万别让用户忽视了你的产品。

讲故事可以引发用户共鸣、激发兴趣，能拉近与用户的距离，更能深入人心。用讲故事的方法来介绍自己的产品、与用户沟通，能够起到很好的效果。所以，不管卖任何产品，你一定要收集那些能令新用户产生共鸣、激发需求的故事。任何产品都有自己有趣的话题：它的发明、生产过程、产品带给用户的好处等。主播可以挑选生动、有趣的部分，把它们串成动人的故事，以此作为促进成交的有效方法。

9.8 直播间如何做到不是卖产品，而是卖参与感

主播一旦互动质量不高，容易把直播做"死"了。互动是建立信任的基础，社交网络的奥秘全在于此。直播间是一群拥有共同爱好的人聚集的平台，我们要做的就是通过这个庞大的平台为用户送上更好的内容或产品。营销学有句俗语：有人的地方就有市场。所以永远不要低估渠道的商业价值。

然而，很多企业一进行直播，就喜欢直接在直播间发广告和卖产品，这样做的效果肯定不好，我们要做的是和粉丝交朋友，赢取粉丝的信任，进而卖参与感。直播不是给用户一对一做产品广告，如果是这样，直播就没有存在的意义。因此，企业千万不要在直播间只顾着卖产品，而是要提供更有价值的内容和活动，这样才能提升直播间的吸引力，让粉丝参与进来。

9.9 主播如何有趣有料，引爆直播间

颜值虽然已成为直播界的一大风向标，但是要想成为直播界的大咖级人物，光靠颜值是远远不够的。

有人说，语言的最高境界就是幽默。拥有幽默口才的人往往会让人觉得很有趣，还能够折射出一个人的内涵和修养。所以，一个专业主播也必然少不了要做到有趣、有料。具体来说，培养幽默感可以从以下三个方面加以考虑：收集幽默素材；抓住主要矛盾；进行自我嘲讽。

1. 收集幽默素材

善于利用幽默的技巧，是一个专业主播的成长必修课。生活离不开幽默，就好像鱼儿离不开水，呼吸离不开空气。学习幽默技巧的第一件事情就是收集幽默的素材。主播要凭借从各类喜剧中收集来的幽默素材，全力培养自己的幽默感，学会把故事讲得生动有趣，让用户忍俊不禁。用户是喜欢听故事的，而在故事中穿插的幽默则会让用户更加全神贯注，全身心投入到主播的讲述之中。

2. 抓住主要矛盾

当一名主播有了一定的阅历，对自己的粉丝也比较熟悉，知道他们喜欢什么或者讨厌什么时，可以适当地讽刺他们讨厌的事物以达到幽默的效果。

抓住事物的主要矛盾，这样才能摩擦出不一样的火花。那么，主播在抓住矛盾、培养幽默技巧的时候，应该遵守哪些规则呢？有四点：积极乐观；与人为善；平等待人；把握分寸。

总之，主播在提升自己幽默感的时候，也不要忘记遵守相关的原则，这样才能更好地引导用户，给用户带来高质量的直播。

3. 进行自我嘲讽

讽刺是幽默的一种形式，相声就是一种讽刺与幽默相结合的艺术。讽刺与幽默是分不开的，要想获得幽默感，就要学会巧妙地讽刺。

最好的讽刺方法就是自黑。这样既能逗粉丝开心，又不会伤了和气，很多知名的主持人为了达到节目效果，经常会进行自黑，逗观众开心。在很多直播中，主播也会通过这种自嘲的方式来逗粉丝开心。自我嘲讽，这种方式只要运用得当，效果还是相当不错的。当然，主播也要把心态摆正，把自黑当作一种娱乐方式，不要太过较真。

9.10　主播如何做到及时回复粉丝的问题

人都是有感情的，谁都希望得到别人的重视。在直播互动中，粉丝给自己评论以后，尤其是一些有问题的评论，他们想尽快得到我们的答复。而我们及时回复粉丝的评论，一方面能够及时解答用户的疑问，另一方面也能够让用户感受到自己是被重视的，这样对于提升粉丝信任度是非常有帮助的。

粉丝问一些与我们产品相关的问题，如果我们去帮忙解决了他的问题，那么他就会对我们产生好感，这样就提升了信任度。如果用户购买了我们的产品之后，出现了自己不懂的问题，而我们帮他解决了这个问题，无疑会提升用户对售后服务的满意度。

9.11　主播如何用游戏机制引爆直播间

在直播间里设置多种有创意的游戏活动，是带动用户参与互动的重要手段之一。良好的游戏活动，可以促进用户参与直播活动的积极性，进而为直播间打造一个良性的流量闭环。因此，主播需要有游戏思维，尽可能多地利用多种机制，充分调动粉丝的参与度，进而让直播产生更大的流量效应。

游戏的奖励机制往往是引爆用户热情的关键点。所谓奖励机制，就是让观看直播的用户和参与到直播游戏中的观众都能得到奖励。比如红包、优惠券、物品、金钱等，都可以作为直播间游戏的奖励。

直播间游戏的奖励不一定要非常丰厚，但是要尽量地惠及大多数用户。用户在获奖过程中，可以获得极大的心理满足感。因此，直播间游戏可以借助奖励机制，让用户获得满足感，进而让更多的用户参与到游戏中。

既然有游戏，就一定要有规则。直播间游戏的规则机制，必须在游戏开始前就提前公布，让大多数来直播间的用户都能在游戏开始前明确游戏的规则。但是，在进行策划时，我们制定直播游戏规则时需要注意：第一，规则一定要简单易懂。因为规则必须能够被大多数用户理解，用户只有在理解游戏规则的前提下，才会参与到游戏中。第二，主播讲解规则的时间要尽量短。游戏规则是支撑游戏开展的前提，但是规则不是直播间游戏的核心，直播间游戏的最终目的是提高营销的效果，因此，主播必须在这段时间内，简单明了地向用户表达游戏规则。

总体来说，直播间游戏开始前的创意策划，是游戏能够顺利开展并维护流量的保障。有了新颖、有创意的游戏，直播间可以提升用户的互动性，进而引爆直播间。

9.12 主播如何进行产品展示

主播如果只展示商品的包装，不展示商品效果，或者商品效果的展示不充分，用户可能就没有购买欲望，尤其是美妆产品，用户最关注的就是产品的功效。比如一款遮瑕产品，用户想看的就是这款遮瑕产品遮盖毛孔、痘痘、黑头的能力有多强，防水能力怎么样……用户最想看的是产品最终的效果，只有看到效果之后，才会产生购买欲望。那主播该怎么做？

（1）运用对比手法突出产品效果

主播可直观地展现出商品的效果，如遮瑕产品，主播将遮瑕产品涂在脸上或者手上，通过对比的方式直观地告诉大家，产品的遮瑕效果有多强。再如口红产品，主播涂在手上给大家展示它的色号，对比涂抹之前和涂抹之后的效果，从而看到产品对人气色的改变。

（2）挖掘产品亮点

主播提取产品与众不同之处，可以从产品的配方、功效、气味、质感等方面来与其他产品作对比，挖掘产品的亮点，重点展示产品的亮点。主播说话要说在重点上，把最核心的卖点展示给用户。因为直播间里用户的平均停留时间都是很短的，如果在2分钟之内没有讲清楚这款产品的功效和优势，用户可能就离开直播间了。

9.13 如何进行直播复盘

活动复盘，英文释义为 Marketing Campaign Evaluation。笔者认为复盘是一种总结能力——学习、归纳、再生产，复盘可以帮我们在下一次活动前解决以下问题：

（1）下一个活动是否可以带来利润？

（2）什么样的活动能让我们实现既定目标？

（3）下一个活动针对的客户群究竟是谁，而他们对社群的价值如何？

在复盘时，首先应该做的是检查直播活动后续效果是否实现了策划时所定的目标。注意我们可以直接进行结果对比的一定是那些可量化的目标，所以如果在策划之初设定的是"带来一定的影响力"这样不可量化的目标，那么这一步的复盘将失去意义。

如果目标实现，那么可以认为策划方案是合理的；如果目标未实现，第一个复盘则需要对直播策划方案中的目标进行回顾，分析目标的设置是否合理。

其次，考核策划方案中的时间安排是否合理。虽然每个活动都不相同，但至少我们可以分为活动预热期的数据复盘、活动现场（进行期）的数据复盘，以及活动后的反馈复盘。考核方法依然很简单，分段查看每个阶段是否达到预期效果。（图9-6）

直播复盘的核心包括数据分析和经验总结两部分。其中，数据分析主要是利用客观数据进行复盘分析，经验总结主要是在主观层面对直播过程进行剖析与总结。

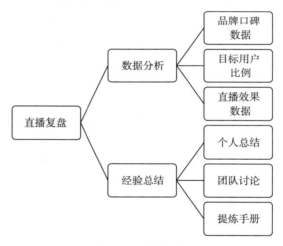

图9-6 直播复盘

9.14 如何让直播内容多样化

如何让直播内容多样化？我们可以通过运营粉丝社群来实现。社群内容多样化，才能使直播内容多样化。

社群内容输出的重担不能压在运营团队的肩膀上，要让群员来共同生产和丰富社群内容，让社群内容多样化，这样社群方可以走得长远。既然要让社群成员一起来贡献力量，一起生产内容，那大家在一起聊什么，就需要有共同的话题。

这个时候，我们可以通过设置问答进行讨论，实现群成员互动，鼓励大家参与分享讨论。比如，可以在社群内开展"今日讨论""每日一问"的问答讨论，提升群成员的参与感，活跃社群气氛，促使群成员持续关注群内消息，提高群成员对社群的黏性。

社群是个非正式组织，大家平时都是各自忙各自的工作，只有休闲的时候，才会关注到社群的信息。这个时间段对于群成员来说是休闲和随意的，但是对于社群组织者来说是非常宝贵的。在这个时间段必须要吸引群成员注意力，这就要求社群内容要做到多样化！

主播可以根据大家在社群里显示出的爱好和兴趣策划直播活动，引导大家参与直播间话题讨论，在条件成熟的情况下，可以组织粉丝参加线下活动讨论。

9.15　如何策划专属线下活动

线上活动的频繁进行，可以激活直播间的活跃度，让粉丝在直播间聊得热火朝天。接下来，他们需要从线上走向线下，这样可以让粉丝更深入地交流。

移动互联网的诞生，让人们交流非常便捷，但是交流不够直接，互联网中的我们与现实中的我们或多或少存在着差异，这样就存在隔阂，为了打通虚拟和现实之间的隔阂，让直播间粉丝之间的交流更加直接，线下活动就显得必不可少。那么如何策划一项成功的线下活动，需要注意哪些问题呢？

1. 时间

活动组织者要选择活动地点和预估参加人数，这样才能筛选和洽谈场地。组织者最好统筹好各方相关人员的时间，再确定具体的活动时间。当然有时候活动会延时，一般延时半小时到一小时，对此活动组织者也要好做预案。

2. 预算

活动组织者还要跟企业家和粉丝沟通，看他们是否有相关资源。若有免费资源，一定要用上，这样可以节约活动费用。比如免费赞助食物、免费提供场地、免费赞助小礼物。同时社群活动组织者要开讨论会，明确哪些费用是不能省的、哪些费用是可以省的。

3. 场地

活动组织者对场地需要考虑以下问题：现场Wi-Fi、麦克风和投影能不能用，现场环境是否吵闹，电源插座够不够多，空调能不能用，能不能放活动海报和易拉宝，场地是否提供免费食物，是否有指示牌，场地交通是否方便。解决了以上问题，就解决了场地问题。

4. 嘉宾课件准备工作

活动组织者邀请嘉宾进行演讲，最好提醒嘉宾提前按照课件进行彩排，早发现问题早解决问题。活动前，活动组织者收集好演讲者的课件，活动结束后将课件放入群共享，可方便活动参与者回顾学习。

5. 发布通知

发布活动的通知也是精细的工作，活动组织者需要明确活动场地是否可以发布通知，是否可以在场地中提前张贴海报？若需要换乘公交和地铁，须在通知中详细说明，并提供咨询电话。另外，活动通知发出后，可以发给嘉宾看看，让他们帮忙转发宣传。

6. 活动通知格式

活动通知要按照标准格式去写，必须包含时间、地点、人物和事件。活动通知要做到让粉丝30秒内判断这个活动是否值得参加。活动组织者需要把时间表、地点和演讲内容大纲等"干货"传达给粉丝，引起粉丝的关注。

7. 现场人员名单

活动组织者需要确定哪些工作人员是必须提前来的，提前多久到达；需要确定各项工作由谁来负责，比如准备物料、检查细节、准备签到表和跟场地工作人员沟通等工作。这里需要重点明确的是社群活动中谁负责拍照、谁负责微信群的实时互动、谁负责微博更新、谁负责直播，这些都是活动的新玩法，要责任到人。

8. 关于拍照事宜

在活动中，拍照是个技术活。建议活动前活动组织者邀请大家一起拍张合影，以免活动后期有的粉丝已离开，影响拍照的效果。活动组织者可以拍在横幅或者海报下的合影，效果更好。

9. 活动策划

社群活动组织者确定好活动时间后，去除嘉宾演讲时间和提问时间，剩下来的时间可以策划一些游戏和互动活动。比如单身交友，这是很多人可能会感兴趣的环节。

10. 志愿者

活动中有个很重要的岗位，那就是志愿者。如签到、发小礼物和维持秩序等工作都可以让志愿者来做。那志愿者怎么产生呢？活动组织者可以从参加活动的人员里选择，通知他们参加活动的时候，询问他们是否愿意成为志愿者。

9.16　达人直播与商家直播的区别

直播模式分为达人直播和商家直播两大类，两类模式下主播均成为核心角色和流量入口，商品则以低价为主要卖点。达人直播分为网红和明星，商家直播分为店长和店员。（图9-7）

图9-7　达人直播和商家直播

9.17 服装、化妆品和食品品类直播带货方式的特点

服装品类的特点是非标品且品种丰富,适合于直通渠道销售、新品上新、产品"种草"等;范围是有库存及低价品,奢侈品大牌;方式有品牌旗舰店直播间、外部大牌直播间、微信群及微信小程序直播等。

化妆品品类的特点是口碑驱动、低频消费,易在直播间内形成转化;范围是各品类全品类;方式有品牌旗舰店直播间、微信小程序直播、大牌直播间等。

食品品类的特点是刚需、消费频次较高且覆盖群体范围较广,适合于直播渠道销售。范围是零食、水产、肉类、新鲜蔬果、熟食、粮油米面、调味品等;方式有大牌直播间、美食直播间、产地直播等。

9.18 直播带货的脚本模板

拍电影需要电影脚本,做直播也需要直播脚本。一般来说,制作直播脚本的目的主要有:为观众提供独特的视角和深度,提升级粉丝的观感,增加粉丝的关注度,建立舆论导向和提升主播IP影响力等。

很多主播没有制作直播脚本这个概念,他们在做直播的时候,往往是想到哪里,讲到哪里,完全没有规划,甚至连产品都没有准备好,这样的直播方式可以说是非常糟糕的,很可能会让主播手忙脚乱,导致带货率很低。

一场好的直播，离不开设计精巧的脚本。（表9-2）

表9-2 直播脚本模板表

序号	事项	内容	备注
1	时间	2022年8月26日	
2	地点	浙江杭州	
3	商品数量	50	
4	主题	某品牌特卖会 夏季美衣如约而至	
5	主播	丽丽（女生）	
6	运营	王华 谢铭	
7	场控	鲍花花	
8	时间段	9:00-12:00	
	9:00—9:15	预热、开场：品牌、主播、活动介绍	场控：回复问题 推送引流
	9:15—11:50	讲解产品	
	11:50—2:00	结束：回顾本场产品、引导关注	
9	预告文案	独一无二的精心搭配，让你做自己的女神！ 锁定丽丽直播间，8月26不见不散喔！	
10	注意事项	1. 丰富直播间互动玩法，提高粉丝黏性，由新转老 2. 直播讲解占比：80%介绍产品＋20%粉丝互动，把控讲解节奏 3. 现场演示衣服搭配，增加观看时长	

以上模板供主播参考，每个主播可以根据实际的情况进行修改调整。

9.19 直播的变现方式

做营销的初衷就是盈利。众所周知，直播虽然可以在一定程度上节省企业的资源，但是依然需要宽带成本、广告成本，如果大家预备将线上与线下的营销活动通过直播进行整合，甚至还要花费更多的资金。但是，营销不是无止境地烧钱就可以获得利益，以烧钱的方式抢占市场，最终很可能还会造成入不敷出的局面。因此，大家抢占市场的方式并不是在营销上花费尽可能多的成本，而是尽可能地让流量变成利润。

在所有与互联网相关的营销活动之中，流量不仅仅是市场的代名词，流量与金钱也是紧密相关的，因此在进行直播的时候，把营销的力量集中在流量的吸纳上是远远不够的，还必须注意流量变现的方式。直播变现的方式包括赚取直播带货佣金、赚取直播出场费、赚取广告费和直播平台的礼物打赏。（图9-8）

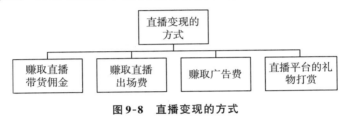

图 9-8　直播变现的方式

9.20　直播带货如何高效变现

直播带货是一门技术活，想要变现必须讲究策略，利用各种办法让用户下单，把流量变成最后的销量。

第一，我们要专注一个产品。

头部主播每次都会展现多种产品，但是在直播的起步阶段，我们完全没有必要这么做，这不利于扩大销售额。首先，新人主播没那么多货源，也找不到那么多商家进行合作，自然没有办法像大主播那样大量选品。其次，新人主播缺乏经验，也很难做到像大主播那样，一次性推销数十种产品还能游刃有余。

因此，做直播带货的时候，最好一步一步来，不能一口气吃成个胖子。在起步阶段，尽量将注意力集中在一个产品上面，这个产品应当是整场直播的重点。在开直播之前，主播和团队工作人员应该提前沟通，根据店铺的特点以及团队的实际情况，选出一个或者一套最有可能成为爆款的产品，同时留意热点事件，借助于热点，为产品的销售打下基础。

第二，价格便宜是王道。

人们在购物的时候，都喜欢好的产品，如果产品价格便宜，那更受欢迎。直播带货的本质仍然是一种营销模式，产品和价格是销售成功的两大基石，主播颜值、广告霸屏、亲密互动都只是吸引用户的手段。正是由于这个原因，我们才会在很多网站的首页展示出福利券，以吸引用户。

那么如何才能做到在保证质量的前提下，让产品的价格最划算呢？主播应该从以下几个方面着手。

首先，主播要在直播的时候说出"性价比高""非常实惠"等字眼，在语言上对用户形成心理暗示。很多人或许会觉得这种方式太简单粗暴了，但是在现实生活中，这样的方法被证明是有效的。

其次，主播在选品的时候，应当尽量选取那些在市场上不易还价的产品，例如专柜商品或者知名品牌的商品，以便提升直播间在用户心里的品质感。

最后，使用多种优惠方式，向用户发福利，让用户对价格产生直观的感受。

第 10 章
视频号实战案例

10.1　十点读书视频号

10.1.1　十点读书介绍

十点读书是一个覆盖微博、微信、电台和微社区等的读书自媒体平台。从2014年5月份成立至今，近9年的时间里，其发展速度可以用爆炸式来形容。现在，十点读书在视频号上的发展速度同样可以用爆炸式来形容。

1. 传递参与感

在社群中，企业需要培养用户的参与感。用户有强烈的参与感，才能变成社群的忠实用户，企业在社群中有一定数量的忠实用户才能走向变现模式。

①每天晚上10点推送优秀文章

十点读书微信公众号，每天晚上10点左右发布8篇优秀文章，在每篇文章的结尾处提供留言、点赞的功能。有些文章还带有语音阅读环节，增强用户体验。

②读书部落与解忧部落

读书部落和解忧部落是用户交流互动的平台，用户可以发表自己的感受和分享书籍，提升用户的参与感。

③十点电台

十点电台提供有声听书功能，让用户可以在拥挤的地铁、公交车上或行走在人群中，也能听到好的文章。

2. 读书会

读书会是十点读书的线下社群，读者除了在线上的微信群交流外，还可以在线下开展活动。每个月读者可以在线下的书店、咖啡厅见面，参加两三场读书会；读书会也会邀请一些作者与读者见面，大家可以共同探讨某个话题。

3. 十点课堂

对于十点读书而言，内容电商和广告是业内成熟的变现模式，竞争十分激烈。但内容付费领域依然没有多少玩家，因此可以尽快占领知识付费方兴未艾时期的红利。比起内容电商，内容付费的成本可以说是比较低，而且成交量越高，成本越低；成交量越高，毛利就会越高。

十点读书成立以来一直为用户提供免费的产品，知识免费这种认知已经在用户心中根深蒂固。于是，重新定义一个新产品成了内容付费的第一步，需要用户付费的十点课堂应运而生。

10.1.2　十点读书如何布局视频号

2021年1月1日，十点读书的视频号发起了主题为"追光——2021全球日出不间断视频号直播厦门站"活动。

活动的前一天，由十点读书发起的"向世界安利1000本书"的活动圆满收官。在这场活动中，十点读书邀请了数百位KOL（关键意见领袖）和普通用户参与，数次在同一时间进行了超百人的直播。"向世界安利1000本书之点亮视频号"活动同时对一本书进行推荐和解读，通过更广泛的用户群体的创作和传播，在互联网上进行了一次深层的渗透。

本次活动中，来自社会各界的名人纷纷向大众分享自己心目中的好书：著名作家周国平推荐了《人生哲思录》，时代少年团分享了梁启超的《少年中国说》，演员张一山分享了《未来简史》……超过58位明星名人参与活动，推荐书籍。许多人在领读人的推荐下开始了解这些好书，甚至开始阅读。网友们也纷纷在该话题下分享自己最喜爱的一本书，形成了阅读的连接和扩散。

10.1.3 十点读书一场视频号直播销售额达到100万

作为一个具有阅读推广属性的平台，十点读书的"带货"能力已经得到了充分体现。数据表明，十点读书一场视频号直播及全渠道的图书销售额可以达到100多万。

中国目前每年新出版的图书种类有数十万，信息爆炸导致许多好书没有得到曝光，无法被读者发现。十点听书会员采用全新的算法技术，通过电商、书店、社群、视频号等多种方式、渠道，将好书精准匹配给每一位合适的用户。在过去两年里，十点读书挖掘出很多被埋没的好书。

十点读书拥有一支专业且优秀的选书团队，这个团队对好书有一套严格的筛选标准。十点读书的选书标准主要有四个维度：一是基于十点读书女性用户居多的属性，选择满足她们个人成长、情感陪伴、亲子育儿等需求的拆书文本和全本有声书；二是基于时间维度，筛选出经过时间检验、常读常新的经典图书，比如《傲慢与偏见》《自卑与超越》等；三是基于空间维度，尤其是新书，将那些经过提炼、萃取后能在不同场景使用、迁移的图书作为首选，比如《心》《人体简史》；四是基于作者及这本书的大众评论、口碑。

而"向世界安利1000本书"则是开拓了一种全新的推荐机制，

就是无数的人点亮无数本书。"我们很看重读书人的眼光，同时又是非常个性化的，这个时候就不能完全依赖排行榜和数据了。这也是我们为什么看好视频号的一个原因。"林少说，"这个活动里有很多普通人，有明星，有出版人，有书店人，还有很多十点读书的读者，他们站出来推荐心目中的好书，此时，所谓个性化的好书推荐模式就成型了。"

从创办"每日推书"开始，十点读书已经创业近9年，其间也经历了中国互联网的多个风口。过去这几年，微博、微信、抖音、快手等平台的崛起促使越来越多的人开始在内容平台创作。而视频号的崛起，使这个趋势愈发明显。相较于文字内容创作，短视频的拍摄门槛更低一些，任何人都可以通过视频的方式进行内容创作和自我表达，人人都是创作者的时代即将到来。林少表示："一方面要抓风口，另一方面要做一些不变的东西，风口是快的东西，不变的是慢的东西。十点读书已经做了8年多，我想把十点读书、十点听书会员做成未来30年不变的东西。"

2022年，十点读书计划在实体书店、小十点儿童馆方向上进行更多拓展，通过更好的内容、更多的场景和更强的陪伴影响自身的8000万用户，并以此联结更多读者，助力阅读共同体的真正实现。

10.2 黎贝卡视频号

10.2.1 黎贝卡介绍

黎贝卡（Becky），出生于福建漳州，毕业于暨南大学，曾先后担任《新快报》记者、《南方都市报》首席记者，现为中国炙手可热的时尚博主，被称为"时尚教主"。2014年黎贝卡辞去记者职务，创办时尚公众号"黎贝卡的异想世界"，拥有巨大的粉丝量，多次与故宫、MINI等大品牌进行跨界合作，曾创造出28分钟售出10000册故宫手账、4分钟卖出100辆MINI的销售佳绩。

从《南方都市报》娱乐首席记者，到时尚自媒体人，再到新媒体公司的老板，8年多的时间里，黎贝卡不仅一步步完成了从记者到时尚博主的职业转变，也完成了从一名素人到一家新媒体公司老板的身份转变。

在"黎贝卡的异想世界"里，黎贝卡成为"爱买不会买"的姑娘们心中的"买买买教主"，身份的转变同时也带来了内容方向的变化。以前，她需要经常采访别人，现在被别人采访的机会更多，也有很多拍摄、活动之类的安排，但不变的是，写稿还是她一直在做的事。如果没有拍摄，黎贝卡通常会安排开会，开会以外的时间用来写当天的稿子；如果有拍摄、采访或者其他线下活动，那天的状态基本就是白天拍摄、晚上赶稿。

目前，她的公众号粉丝数已超过600万，"黎贝卡的异想世界"时尚矩阵已在全网聚拢了1000万读者。

10.2.2　黎贝卡如何玩转视频号

关注黎贝卡的用户中，绝大部分是女性，购买力不容小觑。40分钟售空1200双Bata联名款女鞋、4分钟卖出100辆MINI、自有品牌上线59秒销售额达100万……"黎贝卡的异想世界"这个大IP与不同品牌的合作推广，交出了一份漂亮的成绩单。

此外，其旗下多个公众号也逐渐"长大了，会自己赚钱了"。比如"每天只种一棵草"的阿花，此前推广一款脱毛仪，发出一篇推送文章就卖了100多万；"异想生活笔记"的岛主，以全新的团购形式推荐一款生活用品，客单价高达799元依然转化强劲，发出单篇文章后创造的销售额就超过60万。就算在疫情期间，矩阵平台的销量也没有太大的下滑。除了天猫missfantasy旗舰店因工厂停工导致没有产品销量、影响较大外，小程序"黎贝卡official"进店量较2021年提升接近40%，许多商品在没有发文推荐的情况下仍迅速售罄。

转化率如此高，秘诀是什么？黎贝卡将其归因为——一种长期的信任。

一开始带货时，她就定了一个规则：选品很重要。"种草"前，她首先会考量品牌是否适合自己的用户群体，是否是自己喜欢的或者用过觉得好的，所有推荐的东西一定是她或工作室的人亲自用过的，这方面会把关很严。

面对视频号全新的探索，黎贝卡认为在整个视频号的内容策略上，在保证内容质量的同时，在图文内容的基础上，应加强与读者的多维联结。于是，一个由三个板块组合而成的视频号内容策略形成了：

（1）黎贝卡的异想世界的"基础盘"，即是与时尚、穿搭相关的干货内容，这是从图文形式向视频形式的延伸，也是黎贝卡用户最熟悉和需要的内容。

（2）用视频化的表达进行一个全新的探索方向——探家，探访100个中国女孩的家，这是对黎贝卡公众号理念的一个延伸，带着更多人想看精致女孩是如何生活的诉求，鼓励女性活出属于自己的精彩。

（3）分享职场生活经验、心得，这也是男女平权时代下，职场女性的刚需内容。

10.2.3　黎贝卡首场视频号直播如何突破60万

对于黎贝卡来说，她更看好视频号未来的发展，不只是因为"黎贝卡的异想世界"公众号已经运营了8年多，拥有百万级以上的忠实粉丝，让视频号充满"安全感"，更是因为，微信视频号已经形成的商业闭环与黎贝卡的"种草—拔草"转化链路天然契合。

在视频号中，黎贝卡也正在开始尝试对用户进行"种草"，不过目前仍在培养期，并没有开始真正带货，她还在观望，想要建立一种既适合视频号又适合自己的方式。"我不会成为一个每天坐在镜头前带货的主播，和她们比低价并不是我的优势，我更偏向于'种草'推荐，目前来说是这样。"

不过可以肯定的是，如黎贝卡一般全能型的公众号博主一定能在视频号收获更多惊喜，可能连黎贝卡自己也未曾想到，第一次"突如其来"的直播，和粉丝们谈心聊天竟带来了超出预期的收获，场观人数达到了61.7万，更为公众号带来了新的用户增长。

当"黎贝卡们"拥抱视频号，视频号也在拥抱他们。

10.3　夜听刘筱视频号

10.3.1　夜听刘筱介绍

刘筱，1983年出生，原在衡阳广播电台工作，现为深圳电台主播，"夜听"自媒体人。刘筱，声音听起来很有磁性。节目中的刘筱，声音低沉，语速很慢，一字一句地停顿，再浮躁的心灵也会平静下来。听声音，你会觉得刘筱是一个看尽繁华与沧桑的大叔，不经意的一瞥中都是故事。

一段音频，一句话，一张图片，发出来之后几分钟就能达到10多万的阅读量，点赞好几万，确实有些不可思议。对于"夜听"的关注，有些人是从质疑开始的。从2016年底开始，刘筱就成了自媒体圈子里被频频提及的神秘人物。

"夜听"是微信内容生态中的一个"新物种"，它颠覆了太多我们对于公众号和视频号的认知，有太多让人无法解释之处。而且更加奇怪的是，没有人知道这个"刘筱"到底是谁。因为他太低调！随着时间推移，他才开始显身。

10.3.2 夜听刘筱如何玩转视频号

2020年11月9日晚，坐拥3000万粉丝的大号"夜听"创始人刘筱首次在视频号直播带货，各项数据表现不俗，一时间成为业内关注的焦点。

据悉，刘筱开播5分钟后，直播间在线人数达到2.1万的峰值。在直播3个半小时后，直播间在线人数依然稳定在4000人左右。

当晚，刘筱在直播间透露，目前自己的视频号已经有70万粉丝，而在直播前几天，他就已经在"夜听"公众号发布了预告推文，欢迎大家到视频号预约自己的直播。最终，在直播前刘筱已经获得了6万人次的预约。当用户完成了直播预约，视频号后台会在开播前提醒用户，这能够有效地帮助视频号抓取用户。

在本场带货直播中，刘筱准备了手机、平板电脑、日用品等福利秒杀商品，一方面是宠粉，另一方面也是为了提高直播间的活跃度。值得一提的是，在福利秒杀环节，由于直播间流量过高，视频号小商店甚至出现了点击进入后一片空白的突发问题，引来了直播间观众们的吐槽。这也从侧面说明了微信视频号在电商带货方面的基础设置仍然需要加强。

在直播中，刘筱宣布他对视频号有一个"357计划"，即基于粉丝量3000多万的公众号"夜听"，投入5000万，引流出7个视频号直播间。其中，6个是垂直直播间，1个是综合直播间。他负责综合直播间，其他六个直播间分别由一位专业主播负责。未来直播内容可能会包括美妆、母婴、零食等。这意味着刘筱将把微信视频号作为自己直播带货发力的主战场，而在抖音快手等其他短视频平台，刘筱暂时还没有进行直播带货的动作。

2020年11月26日，张艺谋为宣传新片《一秒钟》走进了刘筱直播间，虽然仅出现不到10分钟，但直播间在线人数瞬间逼近2万人。在张艺谋离开后，刘筱开始在直播间上架电影《一秒钟》的视频号直播专属优惠券，售价为5~20元，很快售罄。随后，张译、范伟等电影《一秒钟》的参演演员也为"夜听"录制了宣传短视频，形成了宣传闭环。这一点，与电影《南方车站的聚会》团队前往李佳琦直播间宣传售票的套路相似，同为文艺知识类，刘筱的用户与电影《一秒钟》的观众重合度也比较高。

10.4 李筱懿视频号

10.4.1 李筱懿介绍

李筱懿，作家，"灵魂有香气的女子"创始人。2010年，李筱懿在互联网上首次发表感悟散文《张幼仪:坏婚姻是所好学校》，反响巨大。2013年，其最新力作《灵魂有香气的女子》——以灿若莲花的文字，与民国兰心薰质的女子对话，与当代有着自由灵魂的女子畅谈。2014年，她出版女性励志散文集《灵魂有香气的女子》，一经推出，当年销量超过300万册，一举斩获年度畅销书冠军。该书舞台剧版权被国家话剧院田沁鑫导演团队购买。

2015年7月，李筱懿成立公司，为30岁以上女性用户提供优质内容，在图书出版、自媒体、知识付费、短视频、访谈节目等领域都有不同形式的作品，重度垂直于30岁以上女性用户群体的定位被资本市场认可。2015年10月，她获得财经作家吴晓波创立的狮享家基金天使轮投资，估值3000万；2016年10月，她获得曹国雄创立的头头是道基金的再次投资，估值1.5亿；2017年10月，她又获得李剑威创立的真成基金第三轮投资，估值3亿。

2020年4月，李筱懿开通视频号账号"李筱懿"，数月内拥有近百万用户，获得视灯奖"年度最具投资价值视频号"、新榜"最具商业价值视频号"。截至2022年8月，其在微信生态圈、抖音短视频、微博、小红书等平台累计用户超过2500万。

10.4.2 李筱懿如何布局视频号

李筱懿的视频号是个新事物，但"李筱懿"并不是新人，尤其不是微信生态圈的新人。2014年，李筱懿凭借一本《灵魂有香气的女子》踏上了内容创业的道路。9年时间，"灵魂有香气的女子"公众号矩阵粉丝超过550万，成长为微信生态的头部账号，李筱懿自己也坚持平均每天写2500字，一年365天从不间断，一年约90万字。

她坦言自己曾固执地认为"我不适合做短视频"，做文字创作者让她尝到了太多"甜头"，也让她一度觉得靠文字积累下的老本已经够吃。不过，新媒体这行实在是变化太快了。几年前还是新兴事物的微信公众号到现在已经被称作"古典自媒体"，在抖音、快手掀起的短视频风口下，很多图文创作者一边焦虑一边跃跃欲试。

当发现自己也逐渐成为"传统新媒体"的代表时，李筱懿觉得是时候要做短视频方向的尝试了。不过，像所有的文字创作者一样，她对视频能否做成功感到不确定，也为"灵魂有香气的女子"这个从文字领域成长起来的团队是否会有"短视频基因"而纠结。

在正式做短视频之前，李筱懿观察和了解过不同的短视频平台，她始终认为每个短视频运营者都会有更擅长和更适合自己的平台，"抖音、快手平台都已经相对成熟，我们在等待一个新机会"。

10.4.3 李筱懿2个月总播放量如何破4500万

2个月总播放量破4500万，获赞10万+的视频号是怎么炼成的？

2020年年初，微信视频号灰度上线，她等到了适合自己发展短视频的那个"新机会"，"我们在微信生态圈的优势可能会大一些"。

现在，"李筱懿"视频号一周发布5条视频，周一到周四以及周日，每天一条，这是团队在视频号运营前期、经过发布测试后总结出的最适合的发布周期安排。经过2个月60天的运营后，"李筱懿"视频号粉丝数超过5万，视频累计播放量达到4500万。

谈及运营经验，她觉得仅2个月还不足以概括出成熟的技巧，重点强调了两点：一是初始种子用户非常关键，二是重视朋友圈传播。实际上，微信视频号已经上线五个多月，并且在产品优化升级需求和用户使用建议下，完成了数次改版，已经逐渐进入早期流量爆发阶段。

2022年的"618"活动，李筱懿在同名视频号首试直播带货，与百雀羚、蕉下等品牌进行专场合作。她告诉我们，直播间用户画像和公众号内容用户画像非常接近，都是30岁左右的"姐姐"群体，生活品质要求高，不啰唆，退换货比例都较低。"姐姐"们甚至在直播间也保持着这个年龄段女性的特性：怕给人添麻烦，非常体谅人。同时，李筱懿也表示看好视频号整体电商的前景，因为现在的销量是和用户人数、流量不匹配的，未来有很大上升空间。通过私域和社交与用户建立更紧密的连接，从而产生信任感，可以让视频号的客单价远高于其他平台。

10.5　林清轩护肤品视频号

10.5.1　林清轩护肤品介绍

林清轩，是上海原创品牌，自2003年创立至今，致力于以中国传统草本为原材料，制作出安全的天然化妆品。林清轩，开创山茶花润肤油，拥有独家修复配方——清轩萃，是由山茶花籽油、山茶花瓣及山茶叶中提取的神奇活性修复成分组成，能有效地修复皮肤屏障。

2003年9月,林清轩品牌创立；2006年6月,成立上海林清轩环保护理品研发小组；2008年12月，林清轩中国第一家门店——上海中山公园龙之梦店开业；2009年9月，林清轩第一家独立工厂在上海松江开业，起名为上海园中葵化妆品有限公司；2011年4月，上海太平洋百货专柜开业，全国达到100家直营店；2011年12月，林清轩6000平方米的第二家专业工厂开业；2012年3月，林清轩实现线下300家门店和50万会员；2013年12月，建立浙江安吉林清轩农场；2015年1月，林清轩互联网全渠道实现120万粉丝；2016年5月，林清轩山茶花润肤油销售突破200000瓶；2021年8月，林清轩完成数亿元B轮融资，本轮融资由未来资本领投，老股东海纳亚洲创投基金SIG、碧桂园创投继续加码，杭州源琛等跟投。

10.5.2 林清轩护肤品如何布局线上营销

林清轩从线下门店起家,带有浓郁的实干色彩。为了避免经销商扰乱价格、损害品牌形象,它坚持采取直营模式,直到现在在全国也只有三百多家直营门店。但也正是这种一步一个脚印的成长节奏,给品牌打下了扎实的底层基础,建立了集原材料种植、产品研发、生产加工、销售渠道、品牌营销等于一体的"全产业链经营模式"。2016年确立高端大单品路线后,品牌快速进入国内高端护肤品品牌第一梯队,直至成为品类之王。

2020年受疫情影响,林清轩的线下业绩遭到重创,这也是众多线下品牌的至暗时刻。那时,林清轩迅速作出反应,用数字化手段赋能全国1700多名导购,盘活300万可联系到的顾客,通过线上渠道挽救销售颓势。经过半个月的努力,林清轩业绩全面反弹,销售额比去年同期增长45%,在疫情的挑战下,2020年的总销售额相比上一年有接近翻倍的增长。

这得益于品牌在2017年就开始推动数字化建设,2018年上线业务中台,2019年打通实体店和微信小程序数据。数字化使得门店人效提升35%,坪效增长32%,有效库存从6倍压缩到2.5倍,货品周转率提升一倍,给品牌打了一剂抵御风险的强效疫苗。

2020年2月14日,创始人亲自直播带货,2小时吸引6万余人观看,总销售额达40万元,相当于林清轩的4个线下门店一个月的业绩,被人们认为是林清轩拉开"疫情保卫战"的序幕。孙来春敢于突破的魄力也成为行业内的一桩美谈。但实际上,直播给林清轩带来的绝不仅仅是"扶大厦之将倾"的雪中送炭,疫情常态化之后,线下门店的生意逐渐恢复,林清轩仍然牢牢抓住了直播带货这一业态,为品牌带来了新的发展空间。

10.5.3 "618"期间视频号如何全渠道业绩破亿元

2022年"618"美妆品牌的"年中大考",林清轩实现了销量持续增长,这都得益于林清轩的"618"战略布局。早在疫情封控前,林清轩就提前做足准备,除了建设第二分仓协作线下门店和电商订单发货,还为19名主播配备全套直播设备,保证了直播间持续运营。生产车间流水线持续运作,4月1日保留一条生产线,约20个工人封闭循环生产,保证了"618"备货充足。

营销上,林清轩在"618"前持续制造品牌话题引爆流量,通过"站外预热引流+站内精准触达"为"618"业绩埋下伏笔。5月20日,林清轩发布的"发光女性"系列短片《你好,独居》,短片以席卷之势占据各大社交平台。这是林清轩关注"发光女性"中的独居女性这一群体所拍摄的视频,推出后即迅速扩散,口碑不断发酵。同时,林清轩还发布了以红山茶花为灵感的全新品牌LOGO及全新视觉体系,守护中国特色植物中国红山茶花,引领东方美学,打造都市轻奢。

在当下后疫情时代,林清轩通过打造线上线下OMO运营能力,保证"618"期间的终端服务质量。除了专注建设购物中心和百货直营渠道外,林清轩持续开拓视频号等新媒体渠道,在社交媒体平台展开深度营销推广,以线上作为流量入口,线下以服务和体验承接流量,通过CRM管理激活粉丝,助推"OMO模式"高效运转,有效促进会员的转化和留存。(图10-1)

国货护肤品牌"林清轩"此前已积累了500万的公众号粉丝,自2021年9月开始在视频号直播超400场,每次直播前都会在品牌和门店社群、小程序推送直播预告,也会通过公众号、导购朋友圈发布海报,引导粉丝扫码预约直播。2022年"618"期间腾讯生态全域经营能力持续升级，企业在客户朋友圈发布内容的可见次数由原先的4条/月升级为3条/天，触达频次更高。预约后，视频号会在开播前以置顶弹窗的形式提醒用户进入直播间。通过私域引流、自然流量、公域投流相结合的策略，"林清轩"日常直播的场观人数日均在2万左右。

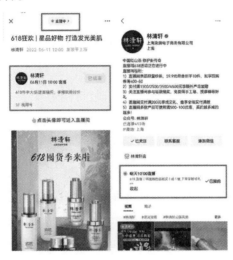

图10-1　林清轩视频号

10.6　泡泡玛特盲盒视频号

10.6.1　泡泡玛特盲盒介绍

泡泡玛特(POPMART)全称是北京泡泡玛特文化创意有限公司，成立于2010年。泡泡玛特发展十多年来，围绕艺术家挖掘、IP孵化运营、消费者触达、潮玩文化推广与培育四个领域，旨在用"创造潮流，传递美好"的品牌文化构建覆盖潮流玩具全产业链的综合运营平台。

为了让更多喜爱潮玩的年轻人深入了解"创造潮流，传递美好（To light up passion and bring joy）"的品牌理念，泡泡玛特已在北京和上海成功举办了六届国际潮流玩具展，每届展会吸引超10万观众，弥补了国内潮玩行业的空白。

截至2021年12月31日，泡泡玛特在中国大陆的线下直营门店达到295家，拥有1611台机器人商店，深度覆盖了全国103个城市。除了不断扩展线下渠道，泡泡玛特也在持续深耕线上渠道。自2019年开始，泡泡玛特旗舰店连续三年成为"双十一"天猫大玩具类目第一名，2021年"双十一"期间销售额突破2.7亿元。2021年，泡泡玛特微信小程序全年营收达到8.98亿元。

泡泡玛特从2018年开始全球化布局，目前已入驻韩国、日本、新加坡等23个海外国家及地区，在美国、英国、加拿大、新西兰等国家开设了线下门店，并通过在全球开设机器人商店的方式拓展业务版图。除了线下渠道，泡泡玛特也在积极布局线上业务，建立了"国际独立站+三大跨境电商平台"的完整线上渠道网络。

如今，泡泡玛特已形成了以设计师、零售渠道和产业链为支点的品牌优势。泡泡玛特旗下签约了如Kenny、毕奇、龙家升等知名潮玩设计师，推出了众多粉丝喜爱的潮玩产品，凝聚了优质的粉丝群体。同时，泡泡玛特还与世界知名品牌合作，为经典IP形象打造时下年轻消费者喜爱的潮流产品。

随着业务版图的不断延伸，泡泡玛特逐渐构建起覆盖设计师、工厂供应链、零售渠道、国际潮流玩具展会的完整产业链，让设计师能够更加专注于作品，促使潮玩行业蓬勃发展。

10.6.2 如何布局私域

2021年11月，泡泡玛特入驻迪士尼小镇，旗下第300家线下店开业。除了一二线城市，在三线城市核心商圈的购物中心，大家也能发现泡泡玛特机器人商店（智能贩售机）的分布。

线下渠道是潮流玩具十分重要的体验场景之一，为此泡泡玛特通过"私域+小程序"进一步完善了泡泡玛特的支付场景与会员体系。DTC用户体系的建立，不仅仅在于产生私域流量价值，也能够帮助品牌更好地了解用户，更快速、直接地针对核心消费者运营。以女性用户为代表的都市白领、成熟的妈妈家庭，她们通过线下渠道的沉浸式体验，也发现了潮流玩具更加美好的一面。

线下火热的潮玩氛围，通过微信生态也传递到了线上。在2021年，泡泡玛特通过小程序、公众号、视频号、官方社群，影响了超过15万个泡泡玛特粉丝社群。除了泡泡玛特自建的2000个官方群，大部分都是用户基于共同兴趣和IP认同自发形成的，泡泡玛特相信一群"好玩的人"会吸引更多"好玩的人"，热爱潮流玩具的氛围可以互相传递。

对于品牌来说，无论进行优质IP的孵化培育、品牌力的建设，还是通过DTC会员体系和私域运营来创造更多主动的消费者运营触点，最终的努力方向都是争取更多用户的认同。

在考虑私域运营的时候，我们认为用户选择购买泡泡玛特的产品，不是因为不断派发的优惠券，也不是疯狂的信息打扰，而是因为对潮玩氛围的热爱，对产品及品牌的认同。

带着这些思考，从消费者运营的角度出发，泡泡玛特重新组合各类消费者触达的工具和阵地，其中，小程序对于很多消费品牌来说是最大的创新场地。

10.6.3　如何做到视频号直播销售额2500万

将传统线下展会转移到线上，用视频号直播的方式与用户互动,是泡泡玛特的一次大胆试水。正如泡泡玛特首席消费者运营官周树颖所说,第一次视频号直播完全是"时间极其紧迫的"。

最终,三天下来,这场直播收获了130万观看人数、超2500万的交易额。

在疫情期间,主要以线下销售为主的潮玩失去了最主要的销售、获客渠道,失去了通过产品直接向消费者传递感情的方式。再加上原本就有不少的声音质疑这个小众的行业能"火多久",这让泡泡玛特也感受到了不小的压力。

于是,"首届国际潮流玩具线上展"的策划横空出世,五个部门联动,在一周的时间里,团队盘点了各种方案,在衡量场景收益与用户的关系之后,选择了微信视频号直播的方式。把展会搬到直播间,团队面临的第一挑战是,如何兼顾满足用户的消费需求和保持直播间的热度。

在这场直播里,泡泡玛特的团队需要在三天的直播里,将800多款产品全部上架进行销售。同时,团队要保证这三天的直播都要维持一定的热度,为此,泡泡玛特把一些热门款均匀地分布在了三天的黄金时间里。

视频号与直播的加入形成完整的闭环。为了保证线上展直播间的热度,泡泡玛特在直播前使用了"公众号+小程序+社群"预热的方式,效果显而易见——累计观看人数、最高在线时长、引导带货GMV、点赞评论互动量等数据都创下了泡泡玛特在多个平台直播的最高纪录。

周树颖在复盘时提到,泡泡玛特在直播开始时便设置了群二维码引导入群。他们发现,群聊成为直播评论的第二阵地,因为在直播间里,评论容易被淹没,而在群里,粉丝会一边看直播一边在群里交流、吐槽、分享各种"抢娃"的信息。

在思考社群运营形态的时候,运营团队曾担心:在品牌与粉丝、消费者的亲密度没有那么高时，高频的信息推送会让粉丝变得麻木，进而选择忽略社群。此前泡泡玛特的社群运营都表现得很克制。而直播的出现，让他们发现了新的社群促活工具。直播成为群员的共同话题，让粉丝集中在一个时间段里出现，并且参与度非常高。这形成了社群给视频号直播预热、视频号直播反向带动社群活跃度的形态。

在这次线上展直播期间，泡泡玛特打通了"抽盒机"小程序和视频号直播间，通过刮刮卡玩法和商品销售，连续三天直播，为"抽盒机"小程序带来了超过80万的新增注册会员。这80万的新增注册会员中，接近一半的用户被"抽盒机"小程序内的其他功能吸引，比方说签到、活动等，这些用户一层一层地沉淀下来，成为之后直播间活跃的忠实用户。

10.7 山峰团队视频号

山峰团队如何用1个月时间让视频号变现200多万元？

笔者分享一下山峰团队引流变现的实操经验。我们总结了以下三点。货品：在线课程+产品；场景：视频号+公众号+企业微信；人物：社群+直播。围绕这三个基础元素，我们进一步来聊聊"怎么做"。

10.7.1 高效专业的内容生产体系

笔者认为视频号可以看作是一个店铺，短视频内容是门面，公众号、朋友圈和直播是销售，其他运营功能是供应链。短视频内容决定流量，公众号、朋友圈和直播主导转化，运营功能的合理使用有利于提升前两者的效率。

用户在最初观看短视频的时候，往往会喜欢选取一些流传度很广的娱乐性短视频，但最终能够留住用户的还是更具备垂直性、有深度的公众号内容，这种深度并不指内容的严肃性，而指在某个领域的深入挖掘。

我们当前的做法是将娱乐性短视频作为大流量入口，对公众号链接（垂直性内容）做流量筛选，最后让用户添加微信号完成转化工作。同时我们也在打造垂直性的短视频内容和专业的公众号内容，进行某个领域的深入挖掘。

回到训练营课程内容方面，训练营课程内容必须专业化，这种专业化体现在两个方面：

一是老师的专业化，授课老师最好是某领域的专家或大咖，比如《短视频课程》，授课老师就是电视台的主持人，有较强的专业背景，容易让人信服，粉丝比较多。

二是体系的专业化，用户在正式报名前，是通过体系的呈现来感知课程的。课程体系越系统、越合理，用户买单的可能性才越大。

10.7.2　专业的私域运营打法

笔者在这里探讨比较重要的私域社群运营打法。如何在社群中做活动？参与度是衡量活动运营成功与否的核心指标，那在训练营社群中，如何提升参与度？记住，想参与的动力，一定是想交流。下面来看笔者的实操经验：

每天晚上8点在群内直播答疑，通过老师和学员的交流，解决学员遇到的问题；每天在社群里展示当天的优秀作业，得分高的会引起其他学员的好奇和关注，从而引导群内学员和学员间的交流；每个训练营会安排考试，让学员能及时了解自己的学习情况，实现学员和自己交流的目的。

三方交流，即老师和学员、学员和学员、学员和自己，围绕训练营的任何活动你都要找到交流的落脚点，就一定能提高社群的活跃度。

10.7.3 山峰团队如何玩转直播带货

想要做好直播带货，提高直播间转化率，我们需要做好这三项工作：播前准备、播中运营和播后复盘。

1. 播前准备

播前准备包括直播间搭建、直播设备选择、主播人设、直播脚本、开播前引流等。

其中最重要的三个要素就是主播人设、直播脚本和开播前引流。

主播人设：围绕"人、货、场"的直播带货，人是首要核心。在初期，人设鲜明的主播更容易脱颖而出。一个出色的主播人设，能给用户留下深刻的印象，随之增长的就是粉丝和黏性。除此之外，主播的能力还包括选品能力、控场能力、专业知识、销售能力、互动能力等。虽然，并不是每一个新手主播都能具备所有的能力，但是通过实践和专业的学习，人人都可以成为一个专业的直播带货主播。

直播脚本：脚本的最大作用就是提前统筹安排好每一步要做的事情。一个合格的直播脚本至少应该包括直播主题、时间节点、活动环节、产品讲解和成交方案五大块。

我们把直播SOP（标准作业程序）化，什么人讲、讲什么产品、产品怎么摆放、怎么调价格、怎么演示，都是根据脚本来执行的。简而言之，脚本是为效率和结果服务的。

开播引流准备：开播引流包括站内引流、站外引流。提升开播人流量的方法包括直播预告（粉丝群、公众号、微信群、微博、账号昵称）、短视频导流、主播PK等方法。

除了直播设备、主播人设、直播脚本、直播前引流外，直播间封面怎么设置吸引人，直播标题、标签如何设置等，都是直播之前需要考虑周全的事情。

视频号直播要重点关注直播广场。直播广场上有红点的时候，点开这个红点你就进入到某一个直播间。如果视频号广场给你带来了流量，给你一个不错的推荐位置，你获得了直播的曝光量，之后有多少人进入你的直播间，就要看转化率。转化率取决于两个要素——封面和主播的状态。

大家在刷直播广场还没进入到某个直播间的时候，显示的是封面，点进直播间显示的是主播目前的状态。封面指的是直播间的封面展示，以及我们的广场、社群、朋友圈转发时的封面。封面设计有一定的要求，广场上的展示封面尺寸比例是9：16；转发到朋友圈、社群的展示封面尺寸比例是3：4，核心内容放在封面的中间部分，上方、下方可以放一些相对来说不是那么重要的内容。就像商场里流量很大，卖家借助店的门面、广告牌这些东西吸引用户进店，进店以后能不能留住用户，就要看产品和服务。做直播的道理也是一样的，直播间封面就相当于门面，直播间的内容、主播就相当于你的产品、你的服务。

当系统给了你推荐位置，但是你没有能力把这些曝光转化到你的直播间，你的直播间就会被移至比较靠后的位置。能不能保持在一个好的推荐位置，首先取决于你的封面和主播转化流量的能力。所以大家会在视频号看到很多美女主播，直播的封面，主播的状态、装扮等，对用户比较有吸引力，转化率就非常高，也就更容易获得官方的推荐流量。

2. 播中运营

播中运营包括直播间互动、销售转化环节设置、直播注意事项等。

直播互动是直播内容的基础,也是直播带货的核心。直播间的互动感强,也更容易刺激用户及时冲动消费。李佳琦的成功,也离不开他们在直播间的侃侃而谈。但作为普通人来说,不是每个人都能像李佳琦们一样,天生能聊,自带气氛烘托。想要提升直播带货转化率,直播互动技巧和聊天话术的训练必不可少。

直播间转化包括活动设置(秒杀、限时限量、买赠等),产品试用、演示,直播时如何搭配产品(引流款、主推款、利润款)等。除了要对产品十分了解,主播在销售能力上也要比较强。并不是你在直播间和大家唠嗑,就会有人买你的东西,你需要展示产品的亮点,戳到能够让他们购买的点,这背后需要的是成熟的销售技巧。(图10-2)

图10-2 山峰直播

直播中需要注意的事项：视频号平台的直播注意事项不尽相同。哪些话能说，哪些话不能说；什么产品可以带货，什么产品属于平台违禁品；就连穿着打扮都有明确的着装要求。如果你不知道这些注意事项而违反了平台规则，轻则被限流，重则被封号。

3. 播后复盘

每一场直播结束，都要及时进行复盘。如果结束了就结束了，那你的直播间可能一直在起跑线徘徊，难有突破。播后复盘至少包括直播数据分析，比如用户活跃度、直播间转粉率、调整改进等。在对所有数据进行分析对比后，记下可以改进的地方，在下一次直播时实施。

我们通常会先沿着目标回顾、单场分析、横向对比这三步来走，即：回顾本场各项数据与目标的差距，重点聚焦本期的数据趋势表现，同时横向对比往期直播间数据，最终明确本场直播的整体数据表现。

进行目标回顾时，拿出运营在直播前的活动方案中制定的单场目标，包括每项观看、互动数据和商品交易数据，对比后台的实际数据，查找目标达成或未达成项的主要原因，明确实际情况与目标预估的差距。

单场分析时，重点关注直播数据的整体在线人数变化趋势，定位到数据趋势图中的波峰和波谷，根据时间点回溯当时直播间的讲解内容和现场人员状态，帮助我们明确能够吸引用户的直播内容。

横向对比时，需要将本场视频号直播的总场观、UV价值、人均在线时长、商品点击率、商品转化率等核心数据与往期对比，帮助我们明确本场直播的优缺点。另外，这里也提供一份腾讯智慧零售官方给出的、视频号直播大盘的各维度数据均值和最佳实践值，仅供参考。（图10-3）

视频号直播大盘均值及最佳实践值

数据维度	直播指标	均值	最佳实践值
观看&互动效果	开播频次	1.5/周	-
	直播时长	2小时	3小时
	观看人数	6525	35000
	人均观看次数	4.5	6.5
	人均观看时长	6分20秒	9分33秒
	分享率	6.0%	11.7%
	互动率	24.2%	53.6%
商品&交易数据	商品点击人数	2440	13400
	商品点击率	33.5%	63.8%
	精准埋点直播带来交易额	95000	370000
	精准埋点转化率	11.6%	54.1%
	商品交易额	225000	1000000

图 10-3　腾讯智慧零售官方数据

从这份数据中，我们可以看到，分享率、互动率、商品点击率、交易额等数据都很高，想要做到均值有一定难度。建议大家在与自己的目标及过往的数据对比中，做到每场都进步一点，积跬步、至千里。紧接着再往下一步，我们就要通过以上数据分析出的全局问题点，来关联对应的每个岗位，做更细致的复盘分析，解决问题，梳理出对应方案。

第 11 章
变现类型

视频号运营是一件耗费时间和精力的事情，如果没有变现可言，谁愿意耗费那么多的时间和精力去运营呢？正是因为视频号隐藏着巨大的变现潜力，才会让那么多的运营者争相进入，试图在激烈的竞争中占据一席之地。

本章将介绍视频号的几种重要的变现方式，主要包括IP变现、知识变现、引流变现、电商变现和广告变现等（图11-1）。

图 11-1　视频号变现类型

11.1　广告变现

广告对所有短视频达人而言是最直接的一种变现方式，如果达人没有自己的产品或者品牌的话，通过接广告来变现是最合适的，目前短视频平台上接广告的主要方式有广告公司派单、广告主主动找到达人、达人主动寻找广告主和签约MCN机构等。当用户的账号有一定数量的粉丝和稳定的播放量以后，广告主就会主动找上门来，可以通过帮他们发软文和硬广的方式来变现。

11.1.1　视频号运营者须具备的变现精神

大家想要真正地做好视频号运营，通过视频号赚钱变现，须具备专注和坚持精神。（图11-2）

专注力的力量是很大的，它能把一个人的潜力发挥到极致，一旦达到那种状态，就没有自我的概念，所有的精力都集中到一点。能够达到金字塔顶端的动物只有两种：一种是老虎，一种是蜗牛，老虎之所以能够达到，是因为它拥有锋利的爪牙，而慢吞吞的蜗牛能够爬上去，是因为它认准自己的方向，并一直坚持朝这个方向努力，这就是专注的力量。

图11-2 视频号运营者须具备的精神

当我们真正地去专注于一些事情，我们就会发现其中包含的乐趣。只要我们真正地专注于一个行业，我们就会发现这个行业的门道。这个道理同样也可以应用在视频号的运营中。截止到2020年11月，山峰团队用心地关注和进行视频号运营7个多月，并发现了视频号中所包含的商机。所以请大家一定要专注。当你真正专注地做视频号运营，才能做好视频号运营。

"故不积跬步，无以至千里，不积小流，无以成江海。"成功不在于一夜暴富，而在于你是否能够持之以恒。我们从这句话中可以明白，要真正地做好一件事情，需要坚持去执行，去做，才能把事情做成功。只要我们认准了视频号运营这件事情，我们下一步就要坚持不懈地去做。只有坚持，你才能发现视频号运营真正的秘诀。

只要保持专注并坚持，你就会发现视频号绝对蕴含着很大的商机。

11.1.2 展示广告的类型

由于智能手机的普及、5G网络的逐步覆盖，互联网从电脑时代进入移动互联网时代。移动互联网时代，网民数量庞大，用户上网（尤其是手机上网）时间长。面对海量的潜在用户与商机，大量的企业选择了互联网营销，广告主的需求进一步刺激了网络广告的大发展。网络广告中，短视频平台广告已经成为广告主争先恐后去争抢的一块宝地。

展示广告是出现在各大网站或者APP固定广告位的广告。展示广告是"信息找人"的广告，网站或APP根据用户画像猜测用户喜好，从而进行广告投放。展示广告从形式上来看，主要可以分为以下几种类型：banner广告、信息流广告、开屏广告、插屏广告和悬浮广告。（图11-3）

图11-3 展示广告的类型

（1）banner广告。banner广告，又叫横幅广告、旗帜广告，一般在网站或APP页面的顶部、底部，以条形图文（包括动态图）形式出现的广告。这种广告形式出现的时间比搜索广告还早，占据的空间仅次于开屏广告和插屏广告，电脑端和移动端均可以采用这种形式。

（2）信息流广告。信息流广告是内容型产品信息与信息之间的商业资讯，一般常见于社交媒体和新闻资讯类产品，例如Facebook、微博和今日头条等。它在内容与形式上与其所在产品的信息流完全一致，如果没有周围出现的"广告""推广"字样，大家可能根本就不会发现那些是广告。信息流广告依托海量的用户数据和信息流生态体系，可精准捕捉用户意图，有效降低用户干扰，将广告展现给目标客户，并且容易激发受众的主动性，促使其主动接受和分享。

（3）开屏广告。开屏广告是基于移动端APP的广告样式，在用户启动APP时显示。广告展示时长一般在3~10秒，用户可以选择跳过广告直接进入APP页面，形态可以是静态图片、动态图片，甚至是Flash动画。

（4）插屏广告。插屏广告是用户在APP上进行暂停、切换等动作时触发的广告，常见于视频、工具和游戏类应用。这种广告通常占据半个手机屏幕，且位于屏幕的正中间，对于急于推广产品和实现流量变现的广告主来说是一种不错的选择。

（5）悬浮广告。悬浮广告是由用户操作行为而触发的一种在特定区域悬浮的广告。这类形式的广告比较少见。

适合视频号平台的展示广告主要有开屏广告和插屏广告。

11.1.3 广告计费变现的方式

广告如何计费变现？它主要通过统计每时间段成本、每千人成本、每行动成本、每点击成本和实际销售额来进行变现。（图11-4）

（1）CPT(Cost Per Time)：按每时间段成本进行计费。CPT是一种以时间来计费的广告，互联网里面的CPD（cost per day）其实就是CPT计费方式的一种，这种计费模式就是说无论推广效果如何，只要在你想要的时间段投放了广告，那就需要付费，一般超级有钱的广告主可以选择这种方式。

（2）CPM(Cost Per Mille)：按每千人成本进行计费。CPM是一种展示付费广告，确保按人头收费。比如，你需要1000人次看到你的广告，每个人次曝光成本可能是3元，那么当平台把你的广告分发出去给1000人次看了之后，你就需要付费3000元。

图11-4　广告计费变现主要类型

（3）CPA(Cost Per Action)：按每行动成本进行计费。CPA是一种按广告投放实际效果进行计费的广告，广告投放每成功达到一次效果就进行一次付费。这种方式一般看广告主的具体需求，比如他们需要的是下载还是激活、是问卷还是注册等，当然也可以是一次点击或者一次转发。

（4）CPC(Cost Per Click)：按每点击成本进行计费。CPC是一种点击付费广告，根据广告被点击的次数收费，关键词搜索广告一般采用这种计费模式。

（5）CPS(Cost Per Sales)：按以实际销售额进行计费。CPS是一种以实际销售产品数量来计算广告费用的广告，比较有代表性的就是电商广告中的佣金提成形式。比如，你卖出去了一件商品，佣金是10%，那么100元的销售额里就有10元的广告成本。

总而言之，这几种广告形式逐个看下来，就会发现按实际销售额进行计费的广告计费方式用得更有效果，也可以说CPT＜CPM＜CPC＜CPS。那么，是不是所有的广告主都要去投放CPS广告才最有效果呢？答案当然是否定的，这个需要看广告主的具体需求。

适合视频号平台的广告计费方式主要有每点击成本和以实际销售额来进行计费两种方式。比如某情感类博主的视频号，他们在视频下方放上公众号链接,然后开通广告主,通过点击广告形式实现变现(图11-5)。

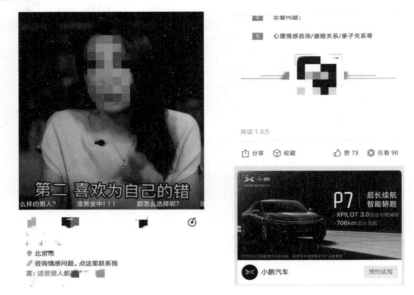

图11-5　某视频号广告变现

11.1.4　山峰团队1条视频号变现5万元

山峰团队影视类视频号,有一条短视频播放量超100万次,涨粉超1000人,该条短视频广告变现超5万元,团队影视类视频号累计获得千万级曝光。

接下来,笔者以山峰团队为例,介绍当前影视类账号的运营方式。影视账号的运营方式主要有三类:简单影视剪辑类、影视混剪类和影视解说类。

1.简单影视剪辑类

这类就是直接截取影视剧精彩片段,配上简单的音乐和视频标题,然后发布到平台上。这种类型的影视号操作难度较低,大家基本上只要会一点视频剪辑技能就可以胜任。不过，这类简单的影视剪辑的方式有点落伍了，账号的用户留存率也较低，还可能涉及侵权，但是它比较适合新手去练手。

2. 影视混剪类

这类影视号是把多部影视剧里面的同类型片段剪辑混合在一起，技术门槛相对较高，运营者需要花费更多时间，比如"说说尴尬穿帮的电视剧片段""经典电影爱情对白系列"等视频。还可以做成影视人物盘点、影视剧情细节盘点和经典台词盘点等，这类可挖掘的内容比较多，比如成龙经典片段，李连杰武打精彩花絮等。

3. 影视解说类

这类影视号将影视剧内容浓缩为一段话，运营者需要在短时间内将影视剧的主题线索和完整情节传递给观众。这种类型属于高阶玩法，技术门槛相对较高，运营者需要花费更多时间。

你需要在几分钟甚至在1分钟的时间内，把2个小时左右的影视内容说得生动有趣，还需要有个人观点的加入，非常考验运营者的阅片能力和对影视剧的解读能力。

笔者接着重点介绍下影视解说类账号。当前在不同类型的短视频账号中，只有影视解说类账号是变现比较轻松的。笔者这里说的短视频所在平台，不仅仅有抖音、快手、B站、Youtube，也会有微信视频号等视频平台，影视解说的视频内容可谓一招通吃，适合各个视频平台的用户群体。

那影视解说类账号是如何变现的呢？最主要的变现方式是广告。

第一，平台广告。在B站、Youtube、爱奇艺、搜狐视频、微视、百家号等均有广告收益，同一视频内容可同步分发至各视频平台以获取广告收益。

第二，公众号流量主。将抖音、快手的流量导流至个人微信号和公众号中，运营者靠日更视频和日更文章赚取官方流量主的收益。

第三，广告派单。许多广告客户会主动联系运营者做广告，运营者和他们商定收益。

影视解说类账号的另一大优势在于知识版权，影视解说类账号是用口述剧情与点评的方式来呈现内容，它并不会涉及侵犯影视剧制作方的版权。

11.2 电商变现

熟悉抖音和快手的人都知道，短视频和直播带货的能力超乎想象。基于微信强大的用户群体，微信视频号的电商变现充满了巨大商机。

11.2.1 电商变现流程

视频号运营者拍摄短视频，吸引用户点击和转发，感兴趣的用户点击微信公众号链接，在微信公众号平台完成下单；视频号还可以关联微信小程序，通过视频号直播推荐，引导用户点击进入小程序下单。这是目前视频号平台已经形成的电商变现流程。

短视频要获得10万+的点击量比文章更容易达到，但想突破百万，还是需要文字的支持。现在人们日常时间的碎片化趋势，使用户趋向于快节奏的阅读，因此，视频可以很快达到10万+的目标，但是文章却难以达到。可是，视频号运营者很快就会发现，视频点击量上升到一定程度的时候，就会停滞，陷入瓶颈。但是文章不会，优质文章的阅读量可以一直持续增长，只是涨幅可能有限，涨速不会太快。考虑到这种情况，我们可以采用"视频号+微信公众号"相结合的方式，发挥各自优势，相互成就，实现流量闭环。

所以，笔者认为视频号运营者既要具备优秀的短视频运营能力，也要具备优秀的文案创作能力，这样才能有利于变现。

那么，如何让用户在微信公众号平台下单？

绝大多数视频号运营者是想将"视频号+微信公众号"作为销售渠道，卖出产品是其真正目的。要想把微信公众平台作为销售渠道，最有效的办法是将微信公众平台从自媒体升华至移动电商。这里涉及合适的产品、合理的定价、促销手段和成交文案等因素。（图 11-6）

图 11-6 影响用户在微信公众号下单的因素

11.2.2 合适的产品

目前，视频号虽然处于产品的导入期，但是微信公众号已经很成熟了，它的品类分布还是比较广泛的，饮料零食、服装鞋帽、手机数码、生鲜制品及护肤彩妆等都有覆盖，产品可以是大众的市场品牌，也可以是基于市场的小品牌。由于产品的选择并没有任何局限性，因此视频号运营者可以遵循以下几个方面的原则。（图 11-7）

第一，选择独家优势资源产品。这是产品能否通过微信公众号平台进行销售，以及能否让所有的目标客户选择的理由。所以视频号运营者在进行产品选择时，要根据自身的资源，选择具有独家优势的产品，包括自己企业生产的产品或者具有代理优越权的产品，这对于产品运营和产品定价也有很明显的优势。如果产品供应链没有保证，产品价格就没有优势，对用户就没有吸引力，这样在后期推广运营中转化率就会很低，即使推广做得再好，产品销售也很难出色。

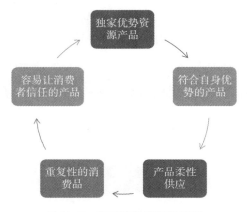

图 11-7　产品选择遵循的原则

第二，选择容易让消费者信任的产品。目前视频号平台处于初级阶段，有些目标用户对产品缺乏信任，这就要求我们选择一些容易让消费者信任的产品。

第三，选择符合自身优势的产品。视频号运营者销售产品能成功主要是因为获得目标用户的认可，不但认可短视频，还认可产品某方面的优势。所以视频号运营者的产品必须符合自身优势。如果你是学习中医养生的，就选择销售中药饮食食材；如果你是时尚专家，就选择时尚服饰销售等。

第四，选择重复性的消费品。视频号运营者的目标受众是有限的，要想长久生存与发展下去，除了不断壮大目标用户之外，还需要现有人群重复购买，多次消费。

第五，产品柔性供应。柔性供应链生产是指小批量、大规模的生产，即企业能根据市场需求，进行小批量、多品种、多批次的生产，这是视频号运营者成功与否的关键。互联网用户的消费习惯是个性化、定制化和随时变化的，如果产品还停留在大规模的流水线制造阶段，则很难与互联网对接，尤其是很难与以人为中心的移动互联网对接。

11.2.3 合理的定价

用户通过"视频号+微信公众号"来购物，价格便宜是很重要的因素，方便及用户对新事物的尝试购买也是部分因素，当然，用户愿意购买最后还是要归结到产品、服务、口碑上。由此可见，视频号运营者要想有所成绩，必须要处理好价格问题。以下是电商常见的几种定价策略（图11-8）。

图11-8　电商定价策略

1. 分割法

用户对价格非常敏感，因为价格即代表他兜里的金钱，要让用户感受到你只从他兜里掏了很少的钱，而非一大笔钱。

价格分割是一种心理策略。卖方定价时，采用这种技巧，能造成买方心里觉得价格便宜。价格分割包括以下两种形式（图11-9）：

第一，用较小的单位报价。例如，茶叶每公斤50元换成每250克2.5元，大米每吨5000元换成每公斤5元等。

第二，用较小单位商品的价格进行比较。例如，"每天少抽一支烟，每日就可订一份报纸"。

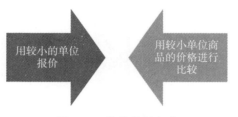

图11-9 价格分割方式

2. 特高价法

独一无二的产品才能卖出独一无二的价格。

特高价法即在新商品开始投放市场时，把价格定得远高于成本，使企业在短期内能获得大量盈利，以后再根据市场形势的变化来调整价格。例如，某地有一商店批发了少量中高档女外套，进价580元一件。该商店的经营者见这种外套用料、做工都很好，色彩、款式也很新颖，在本地市场上还没有出现过，于是定出1280元一件的高价，居然很快就销完了。

如果你推出的产品很受欢迎，而市场上只有你一家，就可卖出较高的价。不过这种形势一般不会持续太久，畅销的东西，别人也可群起而仿之。因此，要保持较高售价，就必须不断推出独特的产品。

3. 低价法

便宜无好货，好货不便宜。这是千百年的经验之谈，你要做的事就是消除这种成见。

这种策略是先将产品的价格定得尽可能低一些，使新产品迅速被消费者所接受，优先在市场取得领先地位。由于利润过低，能有效地排斥竞争对手，使自己长期占领市场。这是一种长久的战略，适合一些资金雄厚的大企业。

对于一个生产企业来说，将产品的价格定得很低，可以先打开销路，迅速占领市场，然后再扩大生产，降低生产成本。对于商业企业来说，可以尽可能压低商品的销售价格，虽然单个商品的销售利润比较少，但销售额增大了，总的商业利润会很可观。

4. 安全法

对于一般商品来说，价格定得过高，不利于打开市场；价格定得太低，则可能出现亏损。因此，最稳妥可靠的方法是将商品的价格定得比较适中，消费者有能力购买。

安全定价通常是由成本加正常利润构成的。例如，一条牛仔裤的成本是80元，根据服装行业的一般利润水平，期待每条牛仔裤能获得20元的利润，那么，这条牛仔裤的安全价格为100元。安全定价，价格适合。

5. 非整数法

差之毫厘，失之千里。这种把商品零售价格定成带有零头结尾的非整数的做法，营销专家们称之为"非整数价格"。这是一种极能激发消费者购买欲望的定价方式。这种策略的出发点是认为消费者在心理上总是存在零头价格比整数价格低的感觉。

有一年夏天，一家日用杂品店进了一批货，以每件100元的价格销售，可购买者并不踊跃。无奈商店只好决定降价，但考虑到进货成本，只降了2元钱，价格变成98元。想不到就是这2元钱之差竟使局面陡变，买者络绎不绝，货物很快销售一空。售货员欣喜之余，慨叹一声：只差2元钱呀。

6.弧形数字法

"8"与"发"虽毫不相干,但能有效满足消费者的心理需求。

据调查发现,在生意兴隆的商场中,商品定价时所用的数字,按其使用的频率排序,先后依次是5、8、0、3、6、9、2、4、7、1。这种现象不是偶然出现的,究其根源是用户消费心理的作用。带有弧形线条的数字,如5、8、0、3、6等似乎不带有刺激感,易为顾客接受,还有数字有吉祥、发财、顺遂等寓意;而不带有弧形线条的数字,如1、7、4等比较而言就不大受欢迎。所以,在商品销售价格中,8、5等数字最常见,而1、4、7则出现次数少得多。

11.2.4 促销手段

笔者每次逛电商网站,总看到一大堆促销活动。加上现在移动端社交电商的崛起,拉新和促销就变得尤为重要。可以说,多样化的促销活动是我们日常运营的重要部分。那么,为什么大家如此热衷于促销活动?

1.促销的作用(图11-10)

图11-10 促销的作用

去库存:通过活动可以清理库存,降低库存占用成本。

扩大品牌知名度:结合广告做促销能够扩大品牌知名度。

推新品和爆品：很多商家大力做促销活动，以此来推新品或者爆品，增加平台流量。

2.促销的类型

促销有多种类型，目前电商系统能够支持的促销形式，笔者总结了一下，主要有7种（图11-11）：

图 11-11　促销的类型

满减促销：主要有阶梯满减、每满减。

单品促销：在特定时间内购买指定商品即可享受一定的价格优惠。例如，促销期间商品6折，原价100元，实付60元。

套装促销：商品组合套装以优惠价出售。例如：A商品100元，B商品90元，A商品+B商品套装促销价150元。

赠品促销：购买主商品之后赠送附加商品（可多个）。

满赠促销：与赠品促销的区别在于以相应商品订单的价格来区分，可分阶设置，例如满200元送手机壳，满400送手机支架，满800送高级手机保护膜等。

多买优惠促销：有M元任选N件、M件N折两种优惠形式。这个主要是参考一些线下卖场发展的促销形式。

定金促销：在商品正式售卖之前采用预付定金的促销模式，提前交定金可享受折扣待遇。

3.促销活动的流程

促销活动分为三个步骤。第一步，设置活动的基本信息：明确参加活动的人员，活动主题和活动时间等；第二步，设置活动的规则：满赠促销还是单品促销，规则是什么？第三步，设置活动商品：参与活动的商品是什么？（图11-12）

图 11-12　促销活动的流程

第一步，设置活动的基本信息。

设置活动的基本信息时要注意活动标题、活动时间、推广渠道、限购数量和优惠券是否通用等。

第二步，设置活动的规则。

选择活动类型，如满减、单品、套装、赠品、加价、多买、定金。不同的活动其规则肯定是不同的，然后设置活动的规则。

第三步，设置活动商品。

我们设置活动商品时要注意：不同的活动选择商品的规则不一样，要根据规则来做促销活动。

以上是促销活动的创建方式与流程。

11.2.5　成交文案

微信公众号的成交文案在结构上与其他文章有所不同，其文案主要由七个部分构成，这七个部分分别是头图、标题、摘要、正文、互动留言、打赏以及阅读原文。（图11-13）有了基本的文章架构,在撰写文字时就省力很多。

图11-13 公众号文案结构

微信公众号的成交文案与其他文章除了结构上略有不同外,其他地方都是比较相似的。公众号的成交文案除了在结构上有固定的模板外,没有什么特别的要求,需要重点注意的就是文章的条理性。成交文案在逻辑上应当是无可挑剔的,它代表的是一种专业性,因此,在撰写时就要注意文案结构的规划,以便提高用户的阅读体验感。

通常用户最先注意到的就是文章的开篇,大多数公众号都会采用以头图开篇的模式,它是整篇文章的基调,奠定了后续的文章的风格,一个风格明确、特立独行的图文会加深用户对文章的记忆。

除了头图或标题之外,还有一个值得大家重点关注的部分,那就是摘要。微信营销的摘要一般分为两部分,一部分是引导关注的开篇摘要,另一部分是转发文章时在非标题部分显示的文字内容。无论哪一部分的摘要,主要内容都是源自文章。

要想用文案吸引服消费者购买产品,具有热卖的效果,创作文案时必须做到以下三点:第一点,吸引消费者的注意力;第二点,达到沟通的效果;第三点,能够说服消费者。成交文案不同于普通文案,稍微处理不当就容易被目标人群视为广告,而广告最容易受到用户忽视或反感。所以,在创作成交文案时,应尽可能争取到更多的目标用户的注意力。那如何吸引目标用户的注意力呢？

1. 打造有吸引力的公众号标题

我们多次提到用标题来吸引用户的注意力。这是一门艺术，也需要有效引导，才能够使用户产生兴趣，同时又不能让用户点击进来大失所望，产生被欺骗的感觉。那么，如何掌握标题的技巧呢？在这里，梳理了几个常用的思路供大家参考。（图11-14）

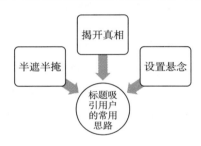

图11-14　标题吸引用户的常用思路

第一，半遮半掩。在你的标题中，可以隐藏一部分文章内容以吸引用户，用户看完标题兴致上来以后，让他们在文章中自行寻找答案。

第二，揭开真相。揭开真相的选材最为重要，一定要选择大家都熟悉的事物，然后去挖掘背后几乎没人知道的事情。一件大众熟知的事情背后隐藏着为人不知的真相，很多人会在心里产生兴趣，然后下意识去阅读。比如说，《蜡笔小新》背后的秘密。

除此之外，如果针对一个长期的线上活动，你就需要在标题上给用户动力，让用户阅读之后充满活力，然后去参与活动。比如说，一个送话费的活动，你在第一天的标题里会写：某某年终巨惠，发话费了。此时是活动第一天，通过转发或口碑宣传也能吸引不少人参与。但是到了活动的第三天、第四天，你则需要巧用语言，使活动再次掀起高潮。在标题上，你可以这么写：某某巨惠升级，100元话费免费送到家，快点抢吧。这样给用户一种升级、加推的感觉。等到活动的最后一天，你可以用数字来给用户施加压力，吸引他们赶紧来参与活动，如使用"仅剩12小时"等字样。

第三，设置悬念。流量的争夺，就是在拼用户到底对什么样的悬念更感兴趣，对于视频号运营者来说，设置好的悬念是非常关键的，那么如何设置悬念呢？就是要故意夸大。

比如说，大家都知道冬天有静电，如果正在给汽车加油，遇到静电就会起火。如果把标题写为"在加油站加油时，千万别制造静电"，相信很多人看完之后都感觉无聊。那么，你可以尝试把标题写成"在汽油加油的时候，也许只是脱衣的动作，就会酿成大祸"，相信很多人阅读以后就会神经紧绷，产生想一探究竟的欲望。总之，你要想方设法在题目中制造一些悬念，让用户有兴致去阅读。

写标题是视频号运营者最基本的技能，不管我们是做短视频还是写公众号的文章，写好标题都是极其重要的，因为大部分用户是看了标题之后，才决定是否继续浏览内容。笔者汇总了几个常见的写标题的方式供大家参考。（图11-15）

第一，数据+内容。

若想树立公众号平台权威、严谨、科学的正面形象，可以采用"数据+内容"的方式来制作标题，给用户一种冲击力，吸引用户阅读下去。娱乐性强的文章，数据可以夸大一点，但一般学术性的文章、新闻事件等，数据就应该查明后再写，否则会给用户错误的引导。比如，《80％人都不知道的秘密》《一个小男孩出了一道题，绕晕了上亿人》。

第二，讲出一个故事。

图11-15 写标题的常见方式

故事类的标题一般多用于励志类、鸡汤类的微信公众号文章中，它的节奏比较慢，适合喜欢小清新的用户。写作这样的标题，应该尽可能地营造出一种浪漫的感觉，让用户在不经意中感受到一种力量。就是这种力量，吸引着用户继续阅读下去。比如，《我与她偶遇的街角》《一个码字工的梦想》。

第三，事件陈述。

在制作此类标题时，应该明确一点：事件的本身是否能足够吸引大众的关注，一般此类方式都是用在感人至深的故事以及重大的突发事件上，因为事件本身足够感人或令人愤怒，能调动用户的情绪，因此可以采用陈述的方式制作标题，把事件直接呈现在大众面前。比如，《小男孩在车边玩耍，开车时竟无人发现》《冬季里，一位老人紧紧握住了爱人，感人至深》。

第四，发表评论。

评论性的标题切忌乏味，要让用户在标题中找到阅读下去的理由，同时得知你对文章内容的态度，这样才能够吸引与你有一致观点的人继续阅读下去。这样的制作方式多见于个性鲜明的公众号，比如，《培养孩子靠打骂，这样做真的不行》。

第五，抛出问题，自己解决。

采用抛出问题的方式制作题目，可以吸引用户在阅读时就对事件产生高度关注，从而更加笃定阅读下去的念头。这样的标题一般多用于生活类、技巧类文章或者罕见事件新闻，可以吸引眼球，提高用户对事件本身的关注度。比如，《你知道水果的什么部位不能吃吗？》《快来看，这些高难度的动作你都能做到吗？》。

2. 撰写正文

视频号运营者每天都发布短视频和公众号文章。问题来了：那么多的视频和文章，别人为什么要记住你发布的内容？你需要给大众一个理由，让他们对你有深刻的印象。现在我们可以好好回顾一下公众号所发布的内容，能让大家记住的原因如下（图11-16）：

图11-16 公众号让人记住的原因

第一，某些活动奖品丰厚。

第二，经常做活动。

第三，内容紧跟当下热点且富有新意。

第四，所推荐的内容正好是用户想要的。

由此，你便明白了内容的重要性。接下来，我们来谈一谈撰写正文必须掌握的技巧（图11-17）：

（1）把产品卖点融入文字。

视频号运营者必须明白公众号内容是可以帮助你筛选意向用户

的。比如说，你的受众是中老年人，那么你的文风应该偏向稳重，你的选材也偏于养生保健之类的节奏较缓慢的内容；如果你运营的账号受众是年轻人，那么你的文风应该偏向于快节奏，使用快节奏的歌曲或者娱乐类的视频段子。

图11-17　撰写正文的技巧

当然，最有效的通过内容筛选意向用户的方式便是发布知识类的文章。比如说，你运营一个治疗脱发少发问题的微信公众号，那么，你就需要多加入一些养生护肤的知识，很显然，一般情况下，老爷爷是不会看这些内容的，所以，这在无形中就帮你筛选了一部分意向用户。

还有，不管我们是做短视频还是做公众号，其实我们的目的就是帮助企业宣传、销售产品。因此，你便有必要在潜移默化之中，把产品卖点融入你的内容里面，让用户阅读起来很轻松，让用户感受到你的用心。那么问题来了，该怎么把产品卖点融入到文字里面？

最简单的做法就是在网络上找到与你的产品相关的新闻，把新闻内容复制下来，并把与你的产品相关的信息粘贴在新闻内容的后面，格式是"新闻+产品卖点"。你可以写下自己对新闻的感受，然后再联想到产品之上，从而找出新闻与你的产品之间的联系。这样多加锻炼，慢慢地你就掌握了如何巧用新闻销售产品的技巧。比如说，你要写一个护肤产品的广告。那么，你便可以到网上搜索一些关于护肤失败的案例，或者说护肤不当从而造成严重后果的新闻。把这些新闻列出来以后，再写一些护肤的窍门或者秘诀，最后把你想推荐的产品信息插入其中，一篇非常生动的软文就搞定了。让你的广告主给你详细讲解产品卖点、企业文化，这很重要，因为这些将是你未来创作软文的重要素材。

（2）题材围绕一条主线。

视频号运营者一定要在微信公众号中树立一条主线，让大家一目了然，知道你是做什么内容的。以后无论是写故事，还是写一些段子，都千万不要偏离你的主线，只有这样才能让用户不至于忘记你是做什么的。毕竟，营销的终极目的是销售，用户记不住你，再好的内容也是没用的。

那么，如何树立自己的主线呢？除了紧紧围绕着自己所处的行业，不妨将自己的公众号内容拟人化，让一个卡通形象或者一个栏目时刻出现在微信公众号之内。它就像标杆一样，让人时刻记住，并且一看就知道这些内容来自你的账号。

主线必须有关键词，关键词可以是用户的营销卖点，可以是某个节日，也可以是某个元素，当然，一定要和你所运营的微信公众号的平台内容相关。比如说，你运营的是关于服饰的账号，那么你可以提炼女人、年龄、服装搭配等关键词，这些便是你进行思维发散的核心词语。

一旦关键词找好了，那下一步就是进行头脑风暴了。当然，头脑风暴也不是一味地天马行空，一定要贴近你的关键词，然后根据这个主线进行思考。这个时候你最好是拿支笔把你的创意写下来，当你发现自己的笔记本上全是思路的时候，你可以从中选择一个来撰写文章。

（3）策划新鲜、有趣的主题

视频号运营者都应该知道，微信内容就是要抓住用户的碎片化时间。一般情况下，如果用户在上班或者非常忙，是不可能花费很多时间看微信而且还能详细阅读内容的，很多时候都是利用等车、等人，或者睡前、醒后的这些时间来看的。因此，这段时间不可能很长，但是他们渴望快速浏览自己喜欢的内容。考虑用户的浏览习惯和大脑特征，内容越清晰简单，越新鲜有趣，就越能刺激用户去阅读。因此，内容要短小精悍、新鲜有趣，这样才能够填充用户的碎片化时间。

那么，视频号运营者如何给用户呈现新鲜、有趣的内容呢？要寻找一个合适的时间点，将内容做一些调整。最常见的方式是每个月策划一个大主题，然后每个月根据大主题去编写内容，这样你的粉丝不至于产生疲惫感，你也不会感到劳累。比如说，这个月你主打的是星座的主题，你可以发布一些星座八卦类的图文消息；下个月你主打的是生活的主题，那么你就可以发布一些养生、测试和励志类的图文消息。

（4）文字网感化

做公众号的内容不是做学习报告，即使是专业化、需要深入探讨的内容，也要尽量做到通俗化、网感化，因为不论是知识层面多高的读者，在阅读内容的时候都抱着消遣时间、顺便增长点知识的心态，所以公众号的内容创作应该是贴近网络，以消遣为主，寓教于乐。

互联网时代下，读者对公众号内容的需求主要表现在个性、价值、趣味等方面，在进行文字网感化塑造的时候，笔者结合自己的实战经验给大家以下建议（图11-18）：

图11-18　公众号文字网感化的建议

第一，让读者感到轻松。让读者在阅读时感到轻松愉悦，有利于让读者产生良好的阅读体验，这是一大加分项。

第二，向读者展现个性。这里的个性不是特立独行，而是尽量接地气，展现出自己独立的人格和思想。

第三，公众号图文并茂。互联网时代，图片的说服力和感染力高于文字，文章图文并茂，更能吸引读者。

第四，内容自带网感。网感是广大互联网读者都无法拒绝的魅力所在，内容要风趣，这样才能带来大量的人气。

第五，体现出互动性。互动性能引导读者参与思考和讨论，充分给予读者存在感，使读者自觉评论和转发。

（5）打造个性风格

风格既是一种形象上的外在表现，又是一种内容上的风度气质，既需要审美的发掘，又需要文化的沉淀，既是一种形式，又是一种态度。

风格是一种由内至外的魅力，是吸引用户的聚焦点，这种魅力不仅表现在形式或者内容上，也表现在态度和风格上。

从内在的品质和内容来说，风格就是一种态度和立场，能表现出视频号运营者的文化品位和修养。当用户被内容中表现出来的智慧和风度所吸引的时候，就真正和视频号运营者成了精神上的朋友。

风格是原则的表现，风格是态度的表现，风格是价值追求的表现。用户们从来不会追随没有特色的视频号，有个性风格的视频号和公众号容易得到用户的肯定和支持，打造个性风格就是打造品牌。

11.3 引流变现

视频号运营者在微信公众号中放上二维码，导流到个人微信号，再通过打造高黏性的微信朋友圈，与用户互动赢取信任，促成成交，这就是引流变现。

视频号运营者在做个人微信号营销的时候，一定要有一个标签。什么是标签呢？比如说，我有个同学现在是房地产和土地并购领域的律师，那么他的标签就是房地产和土地并购领域的律师。我们要专注一个领域或者一个行业，把自己打造成专家，这样更容易取得用户的信任。

如何成为专家呢？只要我们在某个行业从事的时间足够长或者比其他人时间长，并且业务精湛，有自己很多独到的专业见解，那我们就是某个行业的专家。人们往往更愿意相信专家说的话，而当我们是专家的时候，与用户或者好友之间的信任体系更容易建立，可以快速形成口碑传播。

视频号运营者要把自己的每一个微信好友都当作一个突破口，因为每一个好友的背后都有一个圈子，通过这个突破口引爆传播，我们吸引了一个用户，就会吸引她身边的人，这样用户的朋友也能成为我们的用户，然后用户的朋友又是一个新的突破点，可以影响另一个小群体。这就是微信朋友圈的裂变。

当我们创建了自己的视频号的时候，配合个人微信号，可以加好友，可以进群，可以发朋友圈，可以发短视频，可以做直播，微信给我们提供了这些功能，我们需要借助这些功能来进行营销。

什么是信任感？从心理层面来解释，就是个体对周围的人、事、物感到安全、可靠、值得信赖的一种情感体验，在个体感到某人、某事或某物具有一贯性、可预期性和可靠性时产生，这就是信任感。举个例子，一个小男孩和一个小女孩在玩耍，小男孩收集了很多石头，小女孩有很多的糖果，小男孩想用所有的石头与小女孩的糖果做个交换。小女孩同意了，小男孩偷偷地把最大、最好看的石头藏了起来，把剩下的给了小女孩。而小女孩则如她允诺的那样，把所有的糖果都给了男孩。夜晚，小女孩睡得很香，而小男孩却彻夜难眠。他始终在想小女孩是不是也跟他一样，藏起了很多糖果。

其实，如果你没有给予别人百分之百的东西的话，你总是会怀疑别人是否给予了你百分之百的东西。生活中的很多人和事，就如文中所说的一样，自己到底有没有做到百分之百的信任呢？虽然我们深知猜疑最伤感情，可还是会不断地忍不住去猜，疑心是对他人的不信任，也是对自己的不自信。拿出你百分之百的诚心，对待所有的人和事，然后睡个安稳觉吧。

对于视频号运营者而言，用户对产品有了信任感之后，才愿意接受、认可产品，从而促成最后的转化。所以，信任感对产品来说十分重要。那如何培养信任呢？我们看看培养信任的过程。（图11-19）

第一个阶段，接触产品。在这一初始阶段，用户对我们而言是十分脆弱的，主要体现在产品和心理层面。在产品层面，用户无法认识到产品的价值，还不知道产品能为用户解决什么问题；在心理层面，用户缺少足够的安全感，随时可能会抽身离开。如何解决心理层面的问题呢？可以通过第二个阶段来解决。

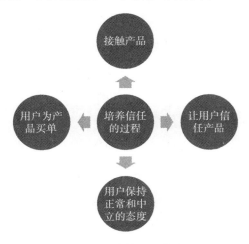

图11-19　培养信任的过程

第二个阶段，让用户信任产品。当用户接触到产品之后，最重要的事情是如何让用户信任产品。企业要做的是巩固产品在用户心中的地位，只有用户被产品的价值所吸引，才可能逐渐了解、接受产品，消除质疑，才可能进阶到第三个阶段。

第三个阶段，就是用户能保持正常的、中立的态度，愿意花时间浏览、使用产品的阶段。这时候你所说的一切，才会被用户听进去，这个环节比较像恋爱的阶段，认识到你的价值，不会轻易离开了，如此才有可能进入最后一个阶段。

第四个阶段，当做好了前面所有环节，用户就会为产品买单了！

从我们做产品的角度来说，信任感=感性+理性。感性是触感等因素，是否专业、讨喜，产品本身够不够"硬"，比如你的内容怎么设计、怎么排版，是否图文并茂、是否让人有专业的感觉；而理性是纯粹凭借你给用户渲染的场景来判断是否需要你的产品功能，本质就是自我证明、塑造展示价值的过程。当用户认为产品对自己足够有用的时候，信任感就产生了。

总而言之，就是抓住用户的核心需求，并以简单、明了的方式让用户明白你的产品的价值，这就是最基础的获取信任的方式。其中有一个因素是可以影响用户信任感和决策的，那就是利益因素。这里的利益很简单，就是利用贪婪或者害怕失去的心理，适当给予一些小利益，从而影响用户对信任的判断和决策。

11.3.1 赞美用户，增加信任感

如何增加陌生好友之间的信任感？在现实生活中，赞美和讲故事是增加信任感的利器。在微信上，通过点赞、评论和聊天也同样能增加陌生好友之间的信任感。

那么，如何赞美用户、增加信任感呢？

作为视频号运营者，你要时时刻刻让用户感觉到自己很重要。你若能准确地满足用户的这种渴求，对方就会增加对你的信任感。

赞美客户是一种利器，在销售中会起到意想不到的效果。有时你苦口婆心已经说了一大堆话，但用户不为所动，而你一句赞美的话，却让客户心里乐开了花，心甘情愿地掏钱购买产品。

我们都会为爱的礼赞而兴奋不已。赞美可以激励客户建立他们的自我形象，并使他们对我们产生好感。为什么不一见面就使用赞美客户的方式？不要觉得害羞，不要畏缩，勇敢说出来，这样会带给客户价值感，增加信任感，让他觉得自己是个重要的大人物。如果你能灵活地运用以下四个法则，衷心的赞美将会加速你与客户的成交进程。（图11-20）

第一，使用具体的赞美。具体、明确地将对方的优点提出来，流露出你的关心与真诚。

第二，避免绝对的赞美词。夸张的赞美会使对方产生被愚弄的感觉，委婉贴切的话语则使人喜不自胜。

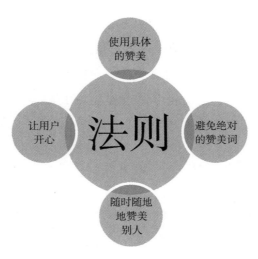

图 11-20　赞美法则

第三，随时随地地赞美别人。这里注意，尽可能把对用户的赞美与他之前使用的产品结合在一起来赞美。

第四，让用户开心。要记住，人们之所以购买，是因为他们感到开心。你的感觉是会传染的，你要做一个传播者，让他们成为追逐者，人们喜欢在他们感到开心时进行交易。

渴望被别人真诚地赞美，是每一个人内心的一种需求与愿望，而赞美对方是获得对方好感、增加对方信任感的有效方法。但是，赞美要把握分寸、有技巧，否则会引起用户的反感。（图 11-21）

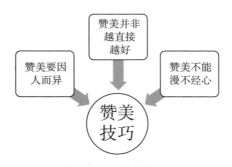

图 11-21　赞美技巧

第一，赞美要因人而异。

人的素质有高低之分，年龄有长幼之别，因人而异，突出个性，有特点的赞美比一般化的赞美效果更好。

每个人都喜欢被赞美，营销人员的赞美，更要使得客户感到愉快。销售技巧中的赞美绝不是简单的拍马屁。一般来说，如何发现一个人真正值得赞美的地方，也有一定的规律可循。比如说，对老年人，我们要更多地赞美他辉煌的过去，赞美他当年的业绩与雄风；对年轻人，不妨语气稍微夸张地赞扬他的创造才能和开拓精神；对年轻的母亲，赞美他的小孩往往比直接赞美她本身更有效；对经商的人，可以赞美他头脑灵活，生财有道。当然，这一切要依据事实，切不可浮夸。

第二，赞美并非越直接越好。

有时候，间接的赞美更能打动人心。比如说，对方是个年轻的女客户，为避免误会，不便直接赞美她，这时不如赞美她的丈夫、孩子，这比赞美她本身可能还要令她开心。也可以借用第三者的口吻来赞美，比如说"怪不得小李说您越来越漂亮了，刚开始还不相信，这回一见可真让我信服了"，这比直接说"您真是越长越漂亮"更有说服力，而且可避免轻浮、奉承之嫌。

第三，赞美不能漫不经心。

如果销售人员的赞美并不是基于事实或者发自内心，就很难让用户相信销售人员，用户甚至会认为销售员在讽刺他，缺乏真诚、空洞的称赞，并不能使对方开心，有时候还会由于敷衍引起对方反感和不满，一旦客户发现销售人员说了违心的话，最可能产生的想法就是销售员是不可信的。

一般来说，赞美是实事求是的、有根有据的，是真诚的、出自内心的，是为人喜欢的，最讨巧的赞美就是选择对方最心爱的、最引以为豪的东西加以称赞。

11.3.2 讲好故事，增加信任感

作为视频号运营者，要想做好业绩，必须会讲故事。

对于销售来说，只有说服用户，才能营销好产品。所以，学会讲故事，能够让销售变得很简单。

故事销售的好处是什么呢？它可以潜移默化地影响用户，增加用户的信任感，最后完成销售产品的目标。销售故事，有没有学之即会、用之即灵的诀窍呢？

如何讲好故事，我们根据自己10000多个小时的实战经验总结如下（图11-22）：

图 11-22　学会讲故事

第一，量身定制。

我们根据用户的基础属性来讲故事，比如用户的身份、地位、收入、年龄、性别、购买目的，以及产品的不同，讲用户爱听的故事。

第二，细节要具体。

故事中尽量使用用户能够涉及的细节，这是故事打动人的基本因素。让你的故事听上去越真实、越特定化、越有现实感，用户就越能够理解和认同，但是也不能太过于详细，比如，最好不要涉及具体的城市和地点，给大家都留有想象的空间。

第三，做到灵活改编。

我们对于不同的用户，要根据他们的实际需求讲出不同的故

事。侧重点可能不同，长短也可能不同，这需要你具备灵活改编的能力。故事里的元素要有轻有重，突出你要表达的信息。故事当然要有趣，但千万不要让有趣盖过产品的信息。

作为人性营销的工具，讲故事在销售战术中占据着重要的位置。通过营销人员的个人魅力，必要时适当地讲一些动人的故事去帮助自己推销，这样可以引起客户和营销人员感情上的共鸣。随后，营销人员只需在其共鸣基础上进行攻心战术，成交概率就会加大。在销售过程中，推销的产品是第一重要的，在此基础上，用故事作为自己销售产品的启动电源，马力十足地给客户带去情绪体验。当打动客户的时候，客户自然而然就会购买了，同时，也为下一步的客户升级埋下了伏笔。

回到微信场景的话，视频号运营者要学会通过点赞、评论和聊天实现线上版赞美和讲故事。（图 11-23）

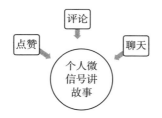

图 11-23　个人微信号讲故事

当我们好不容易加到了新好友时，如果我们不及时加强自己与好友之间的信任感，他们很可能会将我们删除，因为很多人不愿意留下没有意义的好友在自己的微信里，所以加好友之后要在第一时间去给对方朋友圈点赞。人都是有虚荣心的，当我们给好友不断点赞几次之后，他们就会关注我们的朋友圈，我们发的朋友圈他们有可能关注、点赞，这样时间久了就可能成为朋友，点赞是一个快速与陌生好友建立信任的方法。

如果时间比较紧张，点赞是增加信任感的一个好方法，要想进一步增加信任感，就多去评论。当自己时间充足的时候，多去好友或者意向用户的朋友圈留言、评论，会更进一步增加信任感，好友会觉得我们很在意他，如果我们不把潜在的用户当回事，他如何信任我们呢？评论时可以发表自己的观点，多多赞美用户，让用户真切地感受到我们的关心，让别人知道我们是谁、我们在做什么，这就是点赞和评论的作用。评论内容很重要，不要发广告，要多赞美，要保证自己的每一条评论都能够达到赞美的效果，几句话就能走进潜在用户的内心。

聊天就是讲故事，通过讲故事展示自己与产品的魅力，增加信任感。有人靠聊天可以卖掉产品，有人靠聊天可以交到朋友，有人靠聊天可以赚到钱，有些人聊三句话就聊不下去了，最后直接把对方拉黑或者删除。在微信平台上，聊天是成交之前的最后一个难点，非常关键。大家想象一下，当我们通过视频号把潜在用户引到自己的微信上，最后再通过朋友圈等渠道进行营销之后，用户开始咨询产品或购买事宜的时候，在聊天环节就决定不购买了，这是一个令人遗憾的结果。

聊天是一对一精准营销的过程，展现个人魅力和产品魅力，最后促成成交。但是很多人在聊天上并没有下太大工夫，只是敷衍了事，并没有深入分析用户想要什么，我们应该给用户什么，所以成交很少。

当潜在用户咨询问题的时候，我们一定要清楚，用户问这个问题真正的需求点是什么？用户想要获得的答案是什么，我们应该给予什么样的答案。我们每一个回答都要试着站在潜在用户的角度想一下，是不是他要的答案。针对不同的人和不同的问题，聊天的语气也不一样，比如，用户咨询产品功能的时候，我们要表现出自己的专业性，如果用户对产品有所质疑，我们多用生活化的语气和对方聊天。

聊天的一个目的就是让对方接受我们,信任我们,很多人忽略了聊天促成成交的重要性,希望大家能够重视起来。

11.3.3 打造有黏性的微信朋友圈

微信上有一群人是这样的,他们只用微信聊天,从来不发朋友圈动态;还有一群人,自己发朋友圈,也和好友之间聊天,但自己的朋友圈全部内容都是来自转发其他公众号的文章,没有自己写的内容;也有人在微信朋友圈发的内容是自己写的,但是全部都是广告。

说这些的目的是要告诉大家,我们的好友或者用户为什么关注自己,一定是能够从我们这里得到某些东西,可能是快乐,也可能是其他有价值的内容。我们要做的事就是持续不断地给自己的朋友圈好友提供有价值的内容,不断互动,增强信任。当我们持续坚持某一件事久了,就会有很多人关注我们,因为我们做到了别人做不到的,这就是我们最好的广告,这就是为什么我们要打造有黏性的朋友圈的原因。那么,具体如何操作才能打造有黏性的朋友圈呢?(图11-24)

图11-24 打造有黏性的微信朋友圈

第一，把握最佳发布时间。

视频号运营者在朋友圈做营销推广时，选择一个合适的发布时间是非常重要的。

一般来说，运营者们最好选择在每天早上 8 点半到 9 点半这段时间进行内容发布，因为在这个时间段，无论是阅读率还是转发率，一般都很不错。

1. 早上 8 点

新的一天开始，人们的大脑得到充足的休息，对信息的需求量也相对较大，这是运营者推送信息的黄金时段。

2. 中午 11 点半到 12 点半

在这段时间，大家一般在吃饭或者午休，玩微信的概率大大增加，运营者可以把握这个时间进行信息推送。

3. 晚上 8 点半到 9 点半

这个时间是晚上的黄金时段，工作一天后，大家需要放松，通常是在看电视或者散步，比较容易接受内容的推送。

不同的营销项目和不同的产品选择的发布时间可能不尽相同，运营者要因地制宜，根据自己产品的情况而定。此外，动态的发布时间并非是一成不变的，没有必要严格按照推荐时间进行发布，这样也是不切实际的。

第二，控制内容长度。

现在社会节奏比较快，大家越来越忙碌，用户的空闲时间越来越少。在这种情况下，就要控制微信发布的朋友圈信息的篇幅，不能让它看上去很长，占用用户大量的时间，否则用户在百忙之余也不愿意多加阅读。

视频号运营者需要将自己所表达的内容尽力做到精准、明确，让用户能够一目了然地明白文字的核心思想，从而免去了深度思考花费的时间。在这里笔者建议朋友圈内容尽量使用一句话的短内容。

在朋友圈短短的文字当中，用户既要能看到自己想要的产品，还应该能够预料到自己使用产品的效果，比如，皮肤黑的人能够变白等，这个结果往往都是用户目前的需求，在朋友圈内容中要将其体现出来，第一时间直击用户的痛点。

微信朋友圈不是一个专门的营销平台，可以说，它只是一个辅助其他营销渠道的工具。关于营销路径的选择，在微信朋友圈更多的是要从朋友的关系出发，更多地满足朋友对于产品的需求，多听取他们的意见，知道他们要什么。

微信朋友圈的产品信息推送不同于一般营销的推送，它要求更加人性化。我们在进行产品信息的碎片化处理的时候，尽量用一句话的短内容表现出来，这样才能激发用户的情绪，让用户有兴趣参与互动，比如山峰的朋友圈。（图11-25）

第三，生活内容和产品信息搭配发送。

视频运营者在微信平台上进行营销时，不能过于生硬，这样可能会引起用户的反感，从而被屏蔽。为了避免这种情况，视频号运营者可以从生活内容入手，用自己的生活感触与产品信息搭配发送，以便达到更好的营销效果。

生活内容和产品信息搭配发送，不仅仅是营销信息发布的要求，同时也是提升用户体验感的要求。我们常说朋友圈中营销信息发布的频率不能过高，可又担心在移动互联网发展速度如此迅速的环境下，视频号运营者无法保持在用户心里的熟悉度，从而被迅速遗忘。在这种情况之下，发布一些日常的生活内容，让用户感到我们是活生生的人，有利于提升用户的体验感。

图 11-25 山峰朋友圈

在生活内容中，一般来说，最能够引起用户注意的话题自然就是情感。用各种能够触及对方心里的句子或者内容来吸引别人，这就是情感营销。如今，由于物质生活不断丰富，用户在购买产品时一开始并不那么看重产品本身，大家更多的是在追求一种精神层面的满足，情感营销正是利用用户这一心理，对症下药，将情感融入营销，唤起用户的共鸣和需求，把营销这种冷冰的买卖行为变得有血有肉起来。

第四，多传递正能量信息。

在发布朋友圈动态的时候，切记不要发一些比较消极和负能量的内容。工作一天的微信朋友好不容易能够抽出点时间翻开朋友圈，肯定希望能有一个相对轻松和愉悦的环境。在这种情况下，消极的情绪是不讨人喜欢的，偶尔一两次可能就算了，可如果次数多了，就会引起一些人的反感，进而被人拉黑或者说屏蔽。所以说，在朋友圈中，我们尽量多发布一些正能量的内容，让人感受到你的热情和温暖。

我们要多发原创的内容，比如，自己最近经历的一些事情，有哪些感受，从中学到了什么东西，将来会具体实施某个想法等内容，一般这种内容不宜过长，不然对方不愿意读下去。

我们要多发一些与生活息息相关的内容。想要朋友圈中处处充斥着人情味，其实晒生活是正能量的一种加持。同时，分享生活中的点点滴滴，也是最容易让别人与你产生互动的方式。比如，你今天做了一道菜，把照片拍好并且稍微修饰一下，发到朋友圈里面，有人会问：这道菜难做吗？需要哪些基本的材料？做菜的步骤大概是怎么样的？你去某个地方旅行，拍了几张当地美丽的风景图，这样自然会有人好奇地问你：这是什么地方？值得一去吗？有什么旅行经验值得分享吗？有了这些关于生活的对话，一来二去，就可以和朋友圈的一些好友保持友好的关系，同样也多了一些聊天的话题。

第五，不要刷屏，获得信任才是关键。

在微信朋友圈营销中，部分人认为刷屏就能卖东西，而且刷得越频繁，效果就会越好。其实不然，这是一种错误的认识，因为成交的基础来自好友的信任，这也是运营和发布朋友圈信息的目的。

在微信朋友圈里，刷屏不一定能够卖东西，它需要建立在一定的互动沟通、情感和信任的基础上，只有这样，成交才能发生。

微信朋友们对频繁刷屏是十分抗拒的，因为毕竟微信朋友圈是私人的社交场所，但正如我们所了解的，晒单其实是非常必要的，微信朋友们看到大量的成交量也会对产品本身产生好奇。

从营销学的角度来说，适当地晒一些交易单之类的东西，是可以刺激消费的。那么晒交易单究竟有什么好处呢？（图11-26）

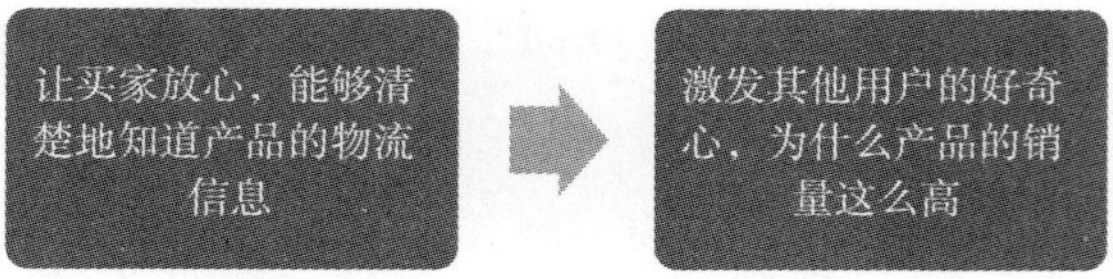

让买家放心，能够清楚地知道产品的物流信息	→	激发其他用户的好奇心，为什么产品的销量这么高

图 11-26　晒交易单的好处

首先，让买家放心，能够清楚地知道产品的物流信息。

其次，激发其他用户的好奇心，为什么产品的销量这么高？

在晒单的过程中要注意适度，巧妙地晒单是能够激发用户心动的手段。

11.4　知识变现

时间碎片化导致人们很难、也不太愿意挤出一段完整的时间去专门学习某一方面的内容，尽管课程教育能够保证更好的学习效果，但其受时间等因素的限制，也难以与时俱进。

在网上浏览信息资讯，我们很容易被海量的信息淹没，不同知识内容间也难以形成联系，相关知识方面又难以形成系统，导致阅读过后的知识留存量低，实质转化为用户自身的知识内容少。

在这一背景下，基于移动互联网的知识变现（付费）形式出现，消费者以付费方式获取一些认知盈余者在某领域的经验和见解等非标准化的知识产品。知识付费市场规模可类比教育、媒体行业，因为用户的需求出发点都是通过知识学习来提升自我、增强技能、拓宽视野和培养兴趣等。当前知识变现的类型主要包括公众号文字付费、教育培训、咨询顾问付费和会员收费。（图 11-27）

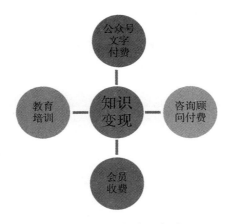

图 11-27　知识变现类型

11.4.1　公众号文字付费

在互联网时代，流量代表了金钱。视频号运营者通过短视频导流到微信公众号。微信公众号只有被更多人所关注，并且图文消息被广泛传播，才拥有赚钱的资本。微信公众号可以直接通过付费阅读和点赞打赏等实现商业变现。

付费阅读，从字面上看，就是用户通过付费来阅读公众号平台上的内容。付费阅读内容的运营者提供的内容必须体系化和有价值，否则用户是不会买单的。

公众号运营者还可以通过点赞、打赏实现变现。点赞、打赏是腾讯微信团队为了鼓励公众号平台输出优质内容而开通的功能。公众号开通打赏功能必须满足的条件是开通原创声明功能；除个人类型的微信公众号，其他的必须开通微信认证；除个人类型的微信公众号，其他的必须开通微信支付。

一直以来，部分网站的连载小说先让读者免费阅读一部分，继续阅读则需要支付相应金额，这种免费试读的付费模式早已成熟。因此，随着公众号付费阅读功能的出现，一些在公众号上连载小说的创作者找到了除了赞赏以外的另一种赚钱方法。

那连载小说是如何变现的呢？连载小说的变现模式是运营者截取热门小说的热门章节，在用户阅读到文章高潮部分的时候，系统提示用户付费才能继续阅读剩余部分以实现变现的模式。（图11-28）

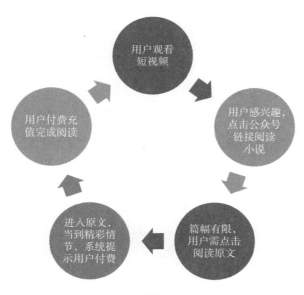

图11-28 付费阅读的流程

例如，视频号运营者推广短视频之后，用户看到感兴趣的话题，他们就会点击公众号链接进来看文案，越看越吸引人，当给他们看到文末的时候，就会有文字提示："当天篇幅受到限制，继续阅读请点击'阅读原文'。"

用户一般会点链接继续往下看，确实也能看到接下来的小说内容，但是可能看到某一个非常精彩章节的时候，就没法继续阅读了，系统会提示："想继续阅读需充值付费。"当他们充值缴费之后就可以继续阅读。

11.4.2 教育培训

视频号运营者将公域流量(视频号)转移到私域流量（个人微信号、微信公众号），并由适合私域流量的教育产品做承接，是其实现变现的关键。

在这里以训练营为例来分析教育培训变现的流程，那什么是训练营教育？

作为基于流量商业化变现的手段，课程和训练营所交付的用户价值是不一样的。课程产品的用户在平台上购买课程后只能是自主学习，教与学是脱节的。我们知道一种知识要转化成能力需要不断地去实践，没有实践环节，知识不能转化为一种能力。例如，学习了健身课程后，需要不断练习才能达成健身目的；学习了英语课程后也还是需要去和外国人交流、大量阅读，才能说一口流利的英语。

为了给用户提供更好的学习体验，统一教与学，让用户在线上学习时也能获得线下的体验。市面上出现了以课程为学习内容，用作业、社群、活动运营进行配套的学习形式。这种高沉浸式的学习形式统称为训练营教育。

训练营的产品内核是体验课，训练营归根结底是体验课在包装形式上的迭代升级。

在线教育早期阶段，为促进课程销售，教育机构通常会从高价课中拆分出一部分课程，攒成一门低价甚至免费的体验课。这些体验课可用作获客、转化，用户通过体验课，对课程进行充分了解，从而决定是否报名。移动互联网快速发展以来，尤其在微信出现后，所有人都被纳入微信生态，人人都可以通过微信便捷地收发信息，与他人沟通，训练营这种"线上课程+社群陪伴"的学习模式就成为可能。

市面上流行的训练营产品纷繁复杂，形态各异，但是如果从用户生命周期的角度去分析，我们会发现这些训练营产品都具有内在的一致性。这种一致性就体现在一名用户在消费一款训练营产品时，都必然会经历的三个阶段：引流渠道、微信社群和高价课程。（图11-29）

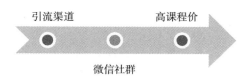

图11-29　训练营三阶段

阶段一：引流渠道。

这一阶段的目标是引流、获客。运营人员会将训练营产品投放到一些引流渠道，这些渠道包括但不限于：微信公众号、朋友圈、小红书、抖音、快手、B站，还有视频号。在这一阶段中，用户将首次接触该训练营，如果对训练营感兴趣，将顺势进入下一阶段。

阶段二：微信社群。

这一阶段的目的是留存和转化。运营人员会将上一阶段获取到的用户，通过微信社群留存下来，除此之外，还会引导用户关注公众号，添加微信个人号。

通过这一系列操作，用户被圈进多个流量池，保证了运营人员对任意一名用户的触达。这一环节中，用户在微信社群内，完成训练营课程的交付，以及向高价课的销售转化。

阶段三：高价课程。

当用户被成功转化后，也就来到了高价课环节，这里应该注意的一点是，体验课和高价课在课程体验方面应尽量保持一致。道理很简单，如果课程体验低于高价课，那么这个训练营无疑是失败的，因为没能体现出课程本身的价值，训练营的转化率也必然不会高；而如果课程体验高于高价课，转化率可能较高，但这有可能招致用户抱怨，也不利于后续的用户维系和口碑建设。

总而言之，引流渠道、微信社群和高价课程，这三个阶段是在一款训练营产品中用户必然会经历的三个关键节点。

11.4.3 咨询顾问付费

咨询顾问是指具有某行业或某方面的专业知识，向个人、企业或机关团体提供咨询服务的专业人员。

根据所从事的行业以及职业特性，咨询顾问可以分为管理咨询顾问、人力资源咨询顾问、财务管理咨询顾问、BPR咨询顾问、SAP咨询顾问、EAP咨询顾问、ERP咨询顾问、法律顾问和教育咨询顾问等。

咨询顾问的岗位职责：一，咨询顾问一般是接受客户的委托，对项目或者企业的管理情况，运用某方面的专业知识经验开展工作；二，根据实际情况提供问题的解决方案，解决方案一定要符合实际情况并能很好地解决问题；三，虽然咨询顾问所处的行业或企业不同，但是他们的工作都是针对实际问题替客户出谋划策，并制定符合客户实际情况、解决实际问题的方案或者行动计划等。

能以咨询顾问服务费变现的视频号运营者，还是比较依赖个人专业能力的。咨询服务的收费方式有以下几种。

次数收费：用户每咨询一次就收取一定的费用。

时间收费：一般收费标准是按照每小时收费，高的几千元，低的几百元，甚至有的按照分钟来收费；也有按照年费收取费用的，年费咨询对于视频号运营者来说是高客单，但也意味着要付出更多的服务。

项目收费：以某个个案、节点进行收费服务，约定项目结束后，服务关系可以解除。如果视频号创作者想要赚高客单和口碑，就可以采用这种方式，但按照项目收费的模式对于团队的服务交付能力有着很大的考验。

有人也会问，一般咨询服务收费的标准是什么？笔者认为要看服务的时间长短以及问题本身的难易程度。

11.4.4 会员收费

视频号运营者收取会员费，可以说是最简单直接的变现方式了。

所谓会员费，是指成员必须支付一定的费用才能加入组织，参与组织活动和享受组织服务。这个很容易理解，运营者相对于成员来说，本来就存在着运营成本，收取一定的费用是应该的。不过，笔者更愿意把收费单纯地看作是入群门槛，而不是变现的主要手段。成员必须是经过筛选的，收费是一个很好的筛选手段。

我们有一个做茶艺的学员，自己本身精通茶叶知识，开通视频号之后坚持在视频号发布有关茶叶相关的视频，经常有人咨询怎么买茶，现在已经有人购买她的茶了，还成为她的会员。

案例：山峰读书

山峰读书由山峰先生发起创办，目前是中国影响力较大的互联网知识社群之一，产品包括微信公众订阅号、知识类视频直播、音频和微信群等，主要服务于"80后""90后"等有强烈求知欲望的群体。

1. 背景介绍

山峰读书的目标是致力于连接优质人脉，实现资源共享。社群群员包括政府官员、企业高管、银行高管、大学教授、农业规划专家、创业导师和国学专家等优质资源。

山峰读书社群主要关注新媒体营销、目标管理和职业成长等内容，它将在全国各大城市招募城市联合发起人，不断壮大社群队伍，以推动互联网社群的发展繁荣。

笔者认为，社群不是整合资源的唯一途径，但是社群是新时代下整合优质资源的最快方法。社群特色如下：

第一，去中心化。群员之间没有等级机制，群员之间没有绝对中心。即使有中心，这个中心可能是一群人。

第二，无秩序又有秩序。有序代表每天的内容是有规划的，但是在规划的内容之外，大家又可以自由交流，这又是无序的表现。

第三，线上活动和线下活动相结合。社群线上活动是每周固定时间有微课，社群线下活动是每月定期举办主题活动。

第四，共同的价值观。社群有一个大家共同认可的价值观，用价值观来牵引群员往前走。

2.社群运营

山峰读书社群拉新主要有两个方式：一是群员间的口碑推荐，二是城市代理发展群员。所谓城市代理是指不同省份、城市的群员可以申请成为社群的代理，在地方设立分支组织。

社群活跃与否，取决于社群群员是否精准。社群采用高门槛方法筛选精准人群，如果群员鱼龙混杂，没有共同价值观的话，社群运营者想实现同频同好的目标是相当困难的。所以，用户的精准保证了社群有较高的活跃度。

笔者认为精准并不是追求大类上的相似，而是追求严格的相同。以山峰读书社群为例，入群的标准并不只是愿意学习的人员，而是愿意学习、愿意交流，同时有一定经验的职场人。所以，用户的精准保证了社群氛围的活跃。

社群倡导建立"四感"：仪式感、参与感、组织感和归属感。

仪式感：群员加入要申请，入群接受群规，行为有奖惩，确保社群规范化发展。

参与感：通过有组织的讨论和分享，确保群内有话说、有事做，确保群员有收获。

组织感：比如建立群内志愿者，保证社群战斗力。

归属感：比如通过线上活动和线下活动，保证社群凝聚力。

3.会员体系

山峰读书会员体系分为三个类别（图11-30）：

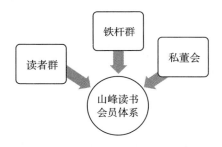

图11-30　山峰读书会员体系

第一个是读者群，会员付费50元。用户只要花50元购买山峰作品即可进入，读者群每周进行干货分享等。

第二个是铁杆群，会员付费999元。铁杆群每周有"微课+知识加餐"，每月有"不定期直播+线下活动"等。（图11-31、11-32）

第三个是私董会，会员付费3万元。私董会面向企业家、高管和创业者等，开设三天两夜营销高端课程，提供企业诊断辅导和资源对接等。

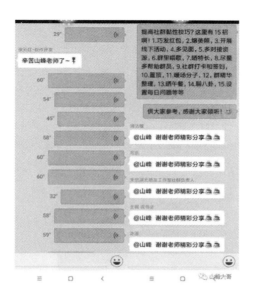

图 11-31 山峰读书线上活动界面

图 11-32 山峰读书活动

11.5　IP变现

随着新媒体的发展，传播逐渐变为真正意义上的双向交流，企业强势的主导地位被日渐削弱。虽然表面上企业占领着主导地位，但是用户的话语权也不容小视，并且用户之间的讨论和分享也可以直接影响企业的口碑。如今,在企业与用户的关系中,IP对于企业品牌传播而言越来越重要,"网红"就是新一代崛起的IP。

一个具有可开发价值的真正的IP,至少包含4个层级,我们称之为IP引擎,它们分别是价值观、普世元素、故事和呈现形式。(图11-33)

图11-33　IP层级

吴声在作品《超级IP:互联网新物种方法论》中提到:超级IP是万物互联时代个人化或个体化的"新物种",是由系统方法论构建的有生命周期的内容符号,它可以是具体的人,可以是文学作品,可以是某一个具象的品牌,也可以是我们难以描绘的某一个差异化的、非物质文化遗产的继承人。它是故事体系和话语体系的稀缺价值,也代表了商业价值的稀缺性和可交换性。

IP是有价值的符号,就意味着每个人都有信息发布的权利。社会学有观点认为,权利是看谁具备信息的发布权和传递权,也就是说一旦用户掌握了信息的发布权,就具有发声的机会,就可以影响一批人,决定一部分人的行为,这些是互联网工具给我们带来的最大帮助。

作为视频号运营者,我们要想办法成为领域内的专家,掌握公众号和视频号的游戏规则。把这种认知体系转化成内容,转化成可操作的体系,然后传递给每一个需要的人,以此实现IP变现。

很多坚持原创的短视频账号都做成了IP,并且衍生出了很多IP

附加值来实现变现。IP变现主要包括：第一，结合自己的实际情况，推出自己的品牌；第二，承接广告，做品牌代言人；第三，拍摄电影，上电视节目；第四，成为歌手，出唱片或付费音乐（图图11-34）

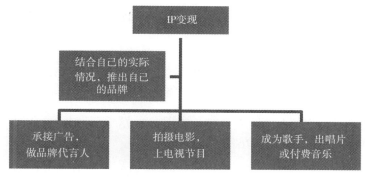

图 11-34　IP 变现的类型

案例：樊登读书

樊登读书是2013年成立的全国最大的付费阅读组织，付费会员高达2000万人，在全国成立了多家市级分会，还成立了新加坡、美国亚特兰大、加拿大多伦多等海外分会，成为分享经济时代内容创业的一道非常绚丽耀眼的风景。

为什么很多内容创业项目以失败告终，而樊登读书却能如此成功呢？樊登读书是如何创新商业模式，在分享经济时代快速发展的呢？樊登读书创始人樊登博士分享了以下两点经验：

第一，解决用户痛点。樊登读书解决的痛点是绝大多数人需要学习和需要读书，但是没有时间读或者没有能力读出精髓、读出味道，这种痛点对应的需求是巨大的。同时，读书本质上可以帮助人们解决现实中的难题，例如如何与孩子相处、如何与爱人相处、如何把事业做好、如何赚钱等现实生活中的困惑。

第二，坚持会员收费。从第一个用户开始，樊登读书就收取年度会员费365元。罗辑思维的创始人罗振宇曾对樊登说"要向你致敬"，因为樊登为文化人打开了一个新世界。当初罗辑思维、吴晓波频道都是免费的，就是过于遵从"互联网思维"和"免费思维"。

樊登读书如何让用户愿意付费呢？

樊登读书做到了两点：第一，产品做到足够好；第二，线下有人推荐。让每一个会员愿意向别人推荐，这样就逐渐形成数量上呈几何级数的量变。例如，某著名产业基金董事长成为樊登读书的会员后，主动在朋友圈推荐，没想到一下子就使樊登读书增加了200多名会员；著名投资人羊东成为樊登读书会员后，要求所有参与投资的公司团队成员必须成为樊登读书的会员，一起读书学习。他们都认为樊登读书可以读出味道。（图11-35）

图11-35　樊登读书视频号界面

笔者认为，樊登读书勇于尝试，大胆创新才是成功的重要原因之一，比如他们很早就布局视频号，形成了视频号矩阵。通过视频号不断引流，不断变现。（图11-36）

视频号自上线到现在已走过了两年多的时间。这两年多的时间里，视频号但凡有点"风吹草动"就能吸引行业的高度关注和讨论，为什么大家如此重视视频号呢？

图11-36 樊登读书视频号矩阵导流

第一，视频号并非一个独立的产品，而是被微信定义为"最原子化内容组件"，作为微信视频能力的呈现方式，它像毛细血管一样渗透到了整个微信生态。因此，视频号的月活跃用户几乎可等于微信的月活用户。QuestMobile数据显示，截至2022年10月，视频号的月活跃用户规模已突破8亿，已成功超越了抖音和快手；另据腾讯第二季度财报显示，视频号的总用户使用时长超过了朋友圈总用户使用时长的80%。

第二，视频号的运作机制——基于熟人、半熟人的传播和裂变链路，以及在微商、小程序时代就已展露的商业价值，也令人无法拒绝。虽然说，视频号已被多个媒体诟病为"立人设"的平台，大家愿意点赞、互动的内容多是新闻、财经或是正能量内容，但这并不妨碍人们会主动点开"点赞"的小红点，去了解身边人的互动动态，更不能减少"社交+算法"的流量分发机制对商家和达人产生的吸引力。

第三，视频号里，还有很多尚未被开掘的用户，他们可能不是抖音、快手等平台的常客，但却是微信的高频使用者，这些差异化、高净值人群的存在，也进一步抬高了视频号的商业价值。

视频号的诸多变现模式，已被很多商家验证成功，其中，视频号直播带货在现阶段需要大家格外重视。

回到微信生态，在笔者看来，视频号首先需要把"内容加热"功能做好，做成"微信的Dou+"；其次需要把互选广告功能做完善，做成"微信的星图平台"。届时，商家和头部KOL可以借助"内容加热"为自己带来流量，垂类达人则可以通过互选广告为自己接到带货订单，视频号的带货功能才算真正确立起来。

如果视频号能够不断地提升用户黏性，在微信生态当中占据越来越重要的位置，那么无论什么时候做直播带货都是不晚的。考虑到"微信视频号+公众号+小程序+直播+企业微信"这五位一体的强大用户经营能力，在长期看来，若微信做不成电商才是令人奇怪的事情。因此，微信官方可以先把重点放在扩大内容品类、建立多元化的用户基础上，这样离视频号电商生态的大爆发就不远了。

附表

> 精选对标一 IP 视频不少于 10000 小时 IP 视频

起号阶段规划表

阶段	启动期	稳定期	爆发期	增长期
作用	打标签	更多成交	稳定成交	产品组合
目标		获取流量	稳定流量	提升客单

产品数据分析表

序号	账号	产品图片	产品名称	对标账号							拿货成本（含运费）	利润（%）	利润率
				小店销量	账号粉丝量	单场直播销售额	销售价格	单品曝光量	单品转化率	单品销售额			
1													
2													
3													
4													
5													
6													
7													
8													
9													
10													

第11章 变现类型

流量来源比例统计表

日期	开播时间	自然推荐－推荐FEED	自然推荐－直播广场	自然推荐－其他	自然推荐－同城	付费流量	短视频引流	搜索	其他

流量漏斗统计表

时间	直播间曝光人数	曝光进入-转化率	进入-曝光转化率	曝光-点击转化率	点击-生单转化率	生单成交-转化率	曝光-成交转化率

直播脚本规划表

直播主题	美妆护肤抢好货	播出日期		播出时长	卖货100W,涨粉3W
播出时间	21:00—24:00	直播目标	品牌福利大放送,入团有专属赠礼		
本场卖点					
主播		副播		场控	
		副播	说明	副播/助理	后台/客服
时间安排	内容				
20:50—21:00	热场交流+抽奖				
21:00—21:10	引流福利1款				
21:10—21:30	第一批:常规主打2—3款				
21:30—21:40	引流福利1款				
21:40—22:00	第二批:常规主打2款				
22:00—22:20	第一批+第二批过款				
22:20—22:25	抽奖				
22:25—22:30	引流福利1款				
22:30—23:00	第三批:常规主打2款				
23:00—23:20	引流福利1—2款				
23:20—23:25	抽奖				
23:25—23:50	第四批:常规主打2款				
23:50—24:00	第三批+第四批过款				
24:00—1:00	播后复盘				

附表

直播带货诊断表

日期	当天场次	开播时间	场观	开播时长	平均停留	全店带货转化率	订单量	成交金额	客单价	单品最高点击率	GPM	UV价值	评论人数

联合出品人名录

序号	姓名/网名	简介	微信号
1	策巴子	知名电视台主持人 曾主持《和事佬》《策舞垄上行》《潜江龙虾节》《中国农民丰收节》	cebazi
2	江中原	原中国光大银行电子银行部经理	maxwelljoooooy
3	项亭	江汉大学文理学院教师	xiangting321
4	崔姣姣	原中国光大银行电子银行部主管	Joyce_higuain
5	陈学华	湖北职业经理人协会纺织服装分会秘书长	hua611200
6	李严姣	武汉脉地生鲜有限公司总经理	lyjljj1990
7	吴磊	安徽点个赞食品公司总经理	wuleizailushang
8	家的故事	浙江爱你多厨具公司总经理	wg741976058
9	霍霍	响锣店群运营总监 店群架构师	HHHH_-7
10	老谢	浙江导航鸟品牌设计总监 浙江赛梦酒庄庄主	ytm118
11	李宇	社群团购专家 社群大学发起人	llyy0209
12	杨叶护	原江小白酒业公司营销总监	Paopao20120604
13	黄克骏	光头黄热干面创始人	Whkejun
14	李能虎	湖北省点军区车溪人家农产品合作社理事长	ft12886706588
15	章涛	著名财经节目主持人	maxtao
16	黄立言	杭州俪宸母婴公司董事长	hly3000
17	衷慰力	重庆申佳文化旅游发展有限公司副总经理	weili612
18	肖慧	武汉华致酒行有限公司总经理	TDR13971430955
19	叶海娟	三亚知名博主 10多年互联网老兵	fn2015999
20	朱宝珠	武汉星言互动传媒有限公司创始人	zhubaozhu100
21	祝康诚	武汉家和传承企业管理有限公司董事长	zy18062755678
22	朱新平	武汉策成企业管理咨询有限公司总经理	chaoshi168
23	陈军	武汉市一鸽装饰设计工程有限公司总经理	wxi18907128988
24	宝大湿	社群森林创始人 团盟联合发起人	zl1987219
25	郑华	华外创投公司创始合伙人 天使投资人	WOW6888
26	樊春田	郑州鑫之言智慧教育有限公司合伙人	fanchuntian99
27	孟昭春	北京数智加教育科技有限公司董事长	Mzc-YXZJ